华为灰度管理法

冉涛 著

中信出版集团 | 北京

图书在版编目（CIP）数据

华为灰度管理法 / 冉涛著. -- 北京 : 中信出版社，2019.12（2026.1 重印）
ISBN 978-7-5217-1208-7

Ⅰ. ①华… Ⅱ. ①冉… Ⅲ. ①通信企业—企业管理—经验—深圳 Ⅳ. ①F632.765.3

中国版本图书馆CIP数据核字（2019）第238265号

华为灰度管理法

著　　者：冉　涛
出版发行：中信出版集团股份有限公司
（北京市朝阳区东三环北路 27 号嘉铭中心　邮编　100020）
承 印 者：北京通州皇家印刷厂

开　　本：787mm×1092mm　1/16　　印　　张：16　　字　　数：160千字
版　　次：2019年12月第1版　　印　　次：2026年 1 月第29次印刷
书　　号：ISBN 978-7-5217-1208-7
定　　价：59.80元

冉涛的《华为灰度管理法》解读了“灰度”在华为团队建设和人才管理方面的应用法则，系统阐述了华为如何将开放、包容的灰度理念贯穿于文化建设、干部培养、绩效分配等六个方面。

难得之处在于，他不仅完整呈现了华为的人力资源管理体系，还通过他的分析和应用案例，告诉其他企业可以如何将这些法则运用于自身，堪称企业向华为学习的实用经典。

——著名财经作家　吴晓波

最近网上流传着华为的一句话——企业的竞争力关键不是人才，而是人才管理。这段话虽未经考证、核实，但我觉得非常有道理。华为近期受到中美局势的影响，显得格外引人注目。冉涛的新书总结了他多年在华为担任招聘主管的经历，以及体验到的人才管理的方方面面，从某种程度上佐证和诠释了网上传播的这句话。冉涛是个有激情又善于思考的管理顾问，每次听他讲起华为的管理实践都会有新收获，希望大家能拿出时间认真读一下这本书，也许会受益匪浅。

——前美世咨询中国区董事长　郭　鑫

推荐序

以创业者的视角看人力资源管理

前复星国际执行董事、高级副总裁、首席人力资源官　康岚

这本书的作者冉涛在我的眼里首先是一位富有激情的创业者，然后才是他自我调侃时常提的“人力资源行业的一名非典型专家”。而在我这样同是“半路出家”、在大集团做了几年首席人力资源官的人眼里，像冉涛这样从业务部门（大客户销售）做起，因为机缘巧合涉足人力资源管理，而后又回归业务管理，再作为创业者来思考人力资源管理问题的视角，才更为特别，值得一读。更何况他又是在华为这样一家非常优秀的企业，在华为全球化快速发展的这样一段时期，亲历个人、团队、企业共同的成长，围绕业务发展的需求去设计和完善人力资源的管理，再对过往的实践进行反思与总结。说到底企业的成功是所有管理方法和举措最为重

要的试金石，而又如书中提到的任正非先生所说的，华为的成功在很大意义上就是人力资源的成功。我知道很多企业都将华为作为学习和对标对象，虽然每家企业所处的行业、所经历的发展阶段和所确定的战略都会不同，但在人力资源管理方面都面临着很多相似的问题，所以在这一方面是最有学习和借鉴价值的。而华为独特的灰度管理法则，是这套华为成功方法论的秘诀。

冉涛的这本书，我是从前言开始一章一章认真拜读的，也触发了我很多的思考。相信所有有志于将企业做大做强的企业家和管理者，都希望自己的企业能够快速发展，良将如云。而业务的拓展和人才的汇聚始终是交织在一起，不可分割的。每个企业在发展的不同阶段，所需关注的焦点也会有所不同，所以我才喜欢冉涛在前言中提出的如何对标学习华为，不能从当下 7000 亿元的状态来学习，而是要还原华为在这个企业所处的不同阶段，到底做到了什么与众不同之处，这样才能真正对其加以借鉴和学习。他将华为的发展分为几个不同的阶段进行的分析，我觉得是很值得了解并思考的。

本书共分六章，从华为团队管理的三个核心理念出发，首先重点介绍了企业文化和价值观，毕竟，这是一切管理的基石。一个企业的成长就像一棵大树，根深才能叶茂，明确了核心理念并能令其深入人心，企业才能不畏风雨，不辍成长。而这些核心理念的形成，就是企业扎根的过程，靠的不是空洞的说教，书中一个个鲜活的例子，才是行之有效的方法，是值得玩味的。随后，冉涛在第二章细述了华为的用人之法，不仅有华为选人的标准，更有快速识别人才的方法。这也是他当初作为华为全球人才引入业务的负责人在实践中不断去思考、摸索和完善的内容，可以说是如数家珍了。在介绍绩效管理这个重要的话题时，书中谈到华为的绩效目标是如何制定的，如何进行考核的，考核结果又是做什么用的。这些都是管理者最为关心也是推动业务发展最为行之有效的抓手。当然，除了人才个体的选用育留之外，一个有效的组织架构，是要将每一个有战斗力的人放在合适的位置上，充分发挥组织的功效，从而使得个人的力量得以成倍放大。华为在这一方面的很多做法，也是非常值得学习和借鉴的。同时，要管好偌大的一个组织，管人的重点还是管干部。而所谓的"管"，也是有张有弛，既要放开手充分信任，发挥每个人的狼性，又要防范风险，攻守兼备。这一方面，我发现书中所介绍的"狼狈原则"很有意思。本书的最后一章，也是我个人最好奇和最想了解的，那就是华为如何分好钱。华为的利益分享机制不仅需要有任正非先生这样的企业家的胸怀，作为系统建设，也离不开科学的设计和有效的执行。这一章是值得反复阅读和认真反思的。

一个优秀的人力资源管理者，首先是业务发展的价值创造者。所有管理的工具和方法都是在为企业发展提供支持甚至是引导。所以谈管理，离不开“术”，但更重要的还是“道”，灰度法则确实非常有效。在读这本“道”和“术”相结合的书时，相信不仅仅是人力资源的专业人士，包括企业家和企业的管理者，都能够对人的管理、企业的经营与成功有很多共鸣与思考。

自　序

我是人力资源行业的一名非典型专家，同时也是典型的华为人力资源专家。

从业近20年来，我从上市公司的大客户销售，到因偶然机会加入华为开启人力资源之旅；从跨境电商行业的业务高管，到天使投资人，一直做到现在的咨询公司的创始人。丰富的职业经历，让我从不同的视角观察、体会、验证了人才管理的真谛。我用了不到三年时间，从人力资源的门外汉，做到了华为全球人力资源专家，这种跨越，除了自身的素质和努力外，我非常感谢华为所给予的机会与充分成长的空间。而在华为的人力资源专家队伍中，像我这样的跨界人才比比皆是，这也就是我定义的所谓典型的华为人力资源专家吧！

2019年，企业管理界最热门的话题恐怕非“华为”莫属！在7月份刚刚结束的世界达沃斯夏季论坛上，中化集团董事长宁高宁表示，中国企业家心目中的英雄已从地产商等变成任正非了！2019 年 5 月，我有幸受邀为吴晓波企投会的企业家们分享华为经验，受到了极高的评价。几乎所有的企业家都在问：华为的人才管理到底有什么法宝？为什么它可以推动千亿级的营收？以后华为公司还能不断高速增长吗？华为人力资源的成功到底能不能学习和借鉴？

我觉得这些都是很好的话题。从 2016 年起，我受国家商务部外贸发展局邀请，为走进华为学习班的数百名企业家分享华为人力资源管理实践课程。他们中有世界 500 强的集团总裁，有 A 股上市公司董事长，还有中建、中钢、中电、中核、中船、中煤等央企二级子公司的总经理，以及规模在 10 亿元左右的很多民营企业的领导者。很荣幸，我的课程受到了大家的一致好评。于是我尝试将这些年的思考，特别是亲历华为的实践和离开华为后从事投资和创业的心得总结出来，从企业家视角出发，将博大精深的华为人力资源管理梳理出一条主线，也因此萌生了写这本书的念头。

我深深知道，对社会科学的认知过程，永远是螺旋式上升的。我自己创立的企业还在奋斗的道路上，这种跳出华为看华为的方式固然很好，但因为我自身仍处于不断实践总结的过程中，可能还无法做到全面和深刻，所以也一直不想动笔，想要等到自己在中国管理咨询行业能打造出一家“华为”的时候再动笔。无奈不少企业家朋友，还有吴晓波老师旗下的蓝狮子出版中心一直鼓励我做个1.0版本，盛情难却，只有竭尽全力了。

华为人力资源管理中最重要的是任正非对人性的深刻洞察。任总43岁创立华为。创业是为了活下去，是被逼无奈的选择，中年被体制内辞退，又遭遇离婚的打击，背负200万元巨款的债务，上有老下有小，可以说这世界上最悲惨的事情一下子集中在了他的身上，所以他才有深刻洞悉人性的体会。这就是华为人力资源管理的根本！

什么是好的人力资源管理？管住了人性的恶，不回避人性的贪婪、恐惧，用制度的法则构建恶的人性的堤坝。当堤坝足够坚固的时候，就把一个个人变成了善的人、好的人、伟大的人。因此，华为的人力资源管理从来不回避如何赚更多钱的问题！所以，华为新员工入职培训的人力资源课程开宗明义地讲道，在公司改变命运的途径有两个：一是奋斗，二是贡献。承认每个人都有贪婪的一面，构建引导人实现目标的正确路径。

喜欢钱没关系，公司提供让员工通过奋斗和贡献挣到大钱的机会，这是正道；同时用制度法则杜绝吃里爬外、偷窃公司知识产权、损公利己、向供应商吃拿卡要等不当行为。

喜欢名没关系，公司非常鼓励员工的成长。30多岁的小伙子就有机会参与联合国国际电信联盟的专家会议，并可能成为某个小组的主席！比如，华为给了余承东一个巨大的舞台，让其成为世界第二大终端电子消费品公司的掌舵人，该业务营收超过800亿美元。这种荣耀任总向来都大度地给予奋斗的人。

不与员工争利，不与员工争名，名利都不要，他要的是整个通信王国！

如果要用一句话总结华为人才管理的核心，我认为就是：选好人，分好钱，摆好队形，从而构建一支成功的战队。

成吉思汗的蒙古铁骑助他争霸世界；同样，华为这支战无不胜的强大战队，不断地实现着任正非的宏大构想，在通信王国中所向无敌，并能以一己之力对抗世界上最强大国家的极限施压。也正是这一点，让任正非成了中国企业家心目中的英雄！

向华为学习，我认为就是要学习如何打造一支铁军！

目　录

第三章　灰度的评价

第四章　灰度高效组织体系

第五章 灰度选拔

前 言

华为30年：从0到7000亿元营收的嬗变

华为从一个注册资本2.1万元的小企业，成长为突破7000亿元营收、在世界信息与通信领域位列前三的企业，用了30年时间。我是第一个用成长时间来分析华为的人，搞清楚这个历程中华为做对了什么，对中国广大的企业有着直接的借鉴意义。换句话说，对标学习华为，不能学习当下7000亿元的状态，而是要还原华为在发展的不同阶段，到底做到了什么与众不同之处。只有这样才能真正对其加以借鉴和学习。接下来，我用一组数据来描绘华为的成长历程：

表 1　华为销售收入实现突破的各个阶段

华为的销售收入	所花时间
从 0 到突破 1 亿元	4 年（1987—1991）
突破 10 亿元	3 年（1992—1994）
突破 100 亿元	4 年（1995—1998）
突破 1000 亿元	9 年（1999—2008）
突破 2000 亿元	4 年（2008—2012）
突破 3000 亿元	3 年（2013—2015）
突破 5000 亿元	1 年（2016）
突破 6000 亿元	1 年（2017）
突破 7000 亿元	1 年（2018）

这一组数据其实就是华为的成长历程，也让我们看到了华为从点、线、面、体一步步成长起来的每一个重要阶段。那么，这些数字背后到底隐藏着什么样的密码呢？

第一个阶段：从 0 到 1 亿元，即产品红利阶段

在这个阶段，华为从代理中国香港的小型交换机，到开发出自己的大型数字程控交换机产品 C&C08，实现了从贸易到拥有自主开发产品的

转变。因为这个产品的成功开发，1992 年，华为的销售收入突破了 1 亿元。华为能实现从 0 到 1 的突破，最重要的是没有局限于做一个贸易商，而是找到了自己生长的根本，也就是打造产品。

从 1 亿到 10 亿元这个阶段成功的原因，我总结出两个关键要点：

第一，复制领导者。经历过从 0 到 1 的成功之后，领导者个人能力也就发挥到了极致，如果想进一步突破，必须找到在某些方面超越自己的人，这就是复制领导者。华为在这个阶段，研发上有郑宝用、李一男，市场上有孙亚芳，可谓人才济济！

中国有很多徘徊在 10 亿元营收规模、无法突破的企业。近距离观察了几家上市公司之后，我发现，核心的问题就在于无法复制领导者。企业的一切严重依赖于领导者本人，领导者就成了企业发展的最大瓶颈。企业的成功一定不是一个人的成功，比如阿里巴巴有十八罗汉、腾讯有五虎，都印证了这一观点。

第二，正确的市场策略。华为营收突破 10 亿元是在 1994 年，关键是采取了一条正确的道路——农村包围城市。任总最近说，其实不是我们非要农村包围城市，是我们的产品没有办法达到城市里的高要求。我们在农村客户群体里有优势，因此我们就在农村生存下来，从农村发展起来。这就是正确的客户选择。所以 0 到 1、从 1 到 10 的这个阶段，要有立业之本（即产品）和差异化的市场策略，不求最大最好，而是要找到一个被竞争对手普遍忽视的细分市场，并把它做到极致。只有做到极致，才有可能从农村最终包围城市。在这个阶段，企业家要克服的人性的弱点是贪大！要有工匠精神，做小而美的企业。

第二个阶段：从 10 亿元到 100 亿元，即管理红利阶段

华为在 1999 年营收 120 亿元。之所以能突破 100 亿元，很重要的一点就是实现了治理结构从人治到法治的转变，也就是我讲的管理的红利。

从 1998 年任总力排众议引入 IBM（国际商业机器公司）的 IPD 流程（集成产品开发流程）开始，华为走向了一个变革管理的时代。经过 20 年，花了 300 亿元人民币的咨询费，华为打造出了一整套科学管理的体系，因此才得以持续迈过百亿元、千亿元大关。

上一个阶段复制领导者的结果，就是企业会进入“山头主义”，即市场、研发、供应链各自都有强人带领，彼此谁也不服谁，有些重大问题非要领导者亲自出面协调才可以推动，而领导者又往往投鼠忌器，于

是在管理上“和稀泥”就成了一种常态。

联想也曾遇到这样的问题，即柳传志与倪光南的贸工技和技工贸之争。联想最后采取了非此即彼的东方式处理方式，最终倪光南院士出局。这种结果在一定程度上阉割了联想的技术基因，所以今天对这家中国伟大企业的诟病，其实 20 世纪 90 年代的这个选择就预示了现在这个结果。

面对华为的市场与研发之争，任正非寻求解决问题的方法是到美国取经，看看西方文明是如何解决这种争论的。在 IBM 他找到了答案，即用流程的方式而不是人治的方式，可以很好地将两者统筹起来。不听研发，也不听市场，而是听客户，这就形成了华为核心价值观的基础——以客户为中心！企业所有组织都是为了客户的商业成功而存在，因此，华为成功地将内部各种庞杂的声音和利益区分统一在了帮助客户成功这一伟大、正确的基础上。而 IPD 流程正是为了解决如何正确地识别客户的需求，成功将产品交付到客户手中。

华为在 IBM 的帮助下，从 1998 年开始实施 IPD 流程。当年，由 IBM 为华为实施 IPD 流程提供咨询，打破了华为以部门为管理结构的模式，转而采用以业务流程为核心的管理模式。刚推行的时候也遇到了很大的困难，华为的研发工程师总觉得 IBM 的顾问不了解华为的实际情况，所以提出了各式各样的改进意见。顾问工作一度遇到了很大的困难。任总最终出面，提出“削足适履”，为变革定了调，严格按照顾问的意见执行，先固化、后僵化、再优化，不改变思想就换人，这对 IPD 流程变革的成功起到了非常大的作用。直到今天，我们看到很多企业的变革半途而废，其实就和领导者在变革态度上的不坚定有很大关系。

IPD 流程的导入，令华为实现了巨大的成功。主管华为研发的二把手李一男离开华为创办港湾网络的时候，带走了华为研发的很多干将。换成其他公司，估计研发体系就崩溃了，但华为没有，这也从一个侧面印证了 IPD 流程带给华为的价值。不依赖个人，而是依赖组织的成功，恐怕是每个追求成功的企业家梦寐以求的。华为做到了！之后，华为相继启动集成供应链变革（ISC）、集成财务变革（IFS）、从线索到现金（LTC）的运营管理变革、人力资源变革（HRT），构建了强大的流程型组织。

第三个阶段：从 100 亿元到 1000 亿元，即人才红利阶段

突破千亿元，华为花了 9 年的时间。突破千亿元，意味着企业必须成为世界级的领先企业。要实现这个目标，最重要的一点是对客户的选择。突破 100 亿元以后，企业会面临很多诱惑，比如多元化的诱惑，再

比如小富即安、专做中小客户的定位。华为从 2005 年起，开启了面向世界前 50 强电信运营商的“攻山头”行动。经过 8 年的艰苦努力，到 2013 年，华为成功地成为世界前 50 强电信运营商中的第 47 强，而前三强就包括美国的 AT&T（美国电话电报公司）。可以说，排除政治因素，华为实现了顶级客户的全覆盖。这就是迈向千亿元的成功经验：当我们能够攻克世界级顶级客户的时候，这些客户就会成就我们一步步地成为世界级的企业。

还有一点是人才红利。每个优秀的企业都希望攻下世界级的顶级客户，也希望在 100 多个国家或地区打开市场，但是很难。华为的成功，是因为它培养出了 170 个能在不同国家或地区胜任其职的总经理。优秀的人才储备使得华为能同时在 170 个国家或地区开展业务，所以机会来临的时候，才有能力牢牢抓住。没有人才，再好的机会在企业面前都是空中楼阁。

是不是在跨过百亿元以后再启动人才培养呢？显然不是。纵观 30 年中国企业成长的历史，我们没有发现一家伟大的企业是依靠全面引入外部人才实现持续发展、保持领先地位的。

华为在早期就特别注重人才的选拔，人才红利不断累积，才能一举突破千亿元大关。如今活跃在华为全球化舞台上的领军者们，比如轮值董事长郭平、徐直军、胡厚崑，以及余承东、何庭波、徐文伟、李杰、丁耘、吕克等，都是在20世纪90年代或者更早加入华为的。

第四个阶段：突破1000亿元以后，即战略红利阶段

2011年华为推出了“云管端”战略，围绕通信IT（信息技术）行业ICT（信息和通信技术）融合方向坚定地往一体化方向发展。所谓“管”，就是指运营商通信设备领域。这是华为起家的最强基础，包括我们熟知的5G无线网络、核心网等。“端”指的就是终端消费电子。这是网络设备应用的前端，被消费者直接应用，是最能为消费者感知的产品，同样具有巨大的市场容量，竞争极为激烈。“云”指的就是系统软件。随着物联网时代的到来，数据消费量级将是互联网时代的百倍、千倍。巨大的数据会重构操作系统、云端存储等高度集中的行业，特别是以无人驾驶为代表的汽车物联网的出现，会极大改变目前手机数据存储和运算以G为单位的现状，直接将数据量级上升到T级别。

除了运营商业务可以做到世界第一，华为手机业务也因2011年的转型，逐步成长为超越苹果的世界第二大手机制造商，这是非常了不起的成

就。从过去不足百亿元营收的终端公司，到2018年消费者业务收入3500亿元的世界级消费电子公司，华为手机创造了一个奇迹，这也是华为始终在战略上聚焦通信行业的一次胜利。

2018年我在给大疆创新进行培训时，他们的高管就问了我一个问题："大疆对标的是苹果，请问能从华为身上学习到什么？"我说，华为手机的成功，证明了华为可以在2B（面向企业）市场上取得成功，在2C（面向消费者）市场上一样可以成功。成功是有共性的，对标学习任何一家先进企业，我们要寻找的就是这种共性，而不是个性。华为的运营商业务，通过8年的努力成为世界前50强电信运营商中的第47强；华为的终端消费业务，用短短的7年时间（从2011年转型到2018年收入突破800亿美元），从运营商OEM（定点生产）手机制造商成功转身为超越苹果的世界第二大手机制造商，这个胜利不是偶然的，而是华为战略红利的必然。

其中，以客户为中心的核心价值观发挥了重大作用。在面向终端消费者的业务中，华为终端紧紧抓住了三类消费者的需求：爱美女性对照相功能的需求，青少年对游戏的需求，以及商务人士与公务员对安全性的需求。华为与徕卡合作构建了照相功能的顶级应用，牢牢抓住了爱美女性的刚性需求，美图之类的软件和手机也逐步退出了市场。华为自主研发鸿蒙操作系统和麒麟高性能芯片，手机软件性能因此得到了提升，直接将一部普通手机的性能提升到了游戏手机水平，牢牢抓住了广大青少年的需求，将竞争对手的高端游戏手机逼入了死角。华为手握核心技术，它的高安全性，受到了中国广大商务人士和公务员的青睐。在不同细分人群上，华为都做到了极致的功能体验，让客户无法拒绝产品，想不成功都难！

2019 年初，华为制定了终端消费电子业务营收 1500 亿美元、整个华为集团营收 3000 亿美元的宏大目标。新的发力点在哪里？我认为就是华为云，这是华为“云管端”战略中第三个爆发点。

华为成功走过的这四个阶段，都离不开人才的管理。任正非曾说，华为的成功在很大意义上就是人力资源的成功，而灰度管理正是人力资源管理的精髓。

华为的人才管理具体是怎样支撑以上四个阶段的成功的呢？总结起来有以下五点：

第一，选对优秀的人。

第二，给优秀的人制定正确的标准，也就是要设立科学的绩效目标，引导人才以正确的方式做正确的事。

第三，摆好队形，构建好组织。

第四，选好干部。

第五，分好钱。

这本书就是围绕这五点展开的论述。这五个核心要点构成了华为人才管理的精髓；灰度管理贯穿这五个要点，将西方科学的人力资源管理体系与东方灰度思想糅合在一起，推动着华为成为世界级企业。

第一章

灰度文化

人性是复杂的，绝对不是简单的黑与白，因此，在构建人才战队的过程中，灰度管理是其哲学精要！以灰度来看，人才是一种资源，管理者与管理的使命就在于激发人的正能量，抑制人的负能量，团结一切可以团结的人，调动一切可以调动的积极性，挖掘一切可以挖掘的潜力，实现公司的目标与战略。

第一节　高绩效企业文化

华为团队管理核心理念的第一条是倡导和建设以客户为中心、以奋斗者为本的高绩效的企业文化。这条理念可以拆解为三个关键词：以客户为中心、以奋斗者为本和高绩效的企业文化。

第一个关键词：以客户为中心

以客户为中心，不是以领导者为中心，而是要屁股对着领导，脸对着客户。

任总自己出差，从来不带随行人员，也不带保镖，自己拎个箱子，全球到处跑。70 多岁的人还是这样。如果有干部去接，那他就等着下台吧。但是如果有客户到华为，公司专门用于接待的豪华车就出动了。接待客户用的红牌一放，在华为通行无阻。奥迪 A8、奔驰、宝马等，全都是豪华车，司机都是从退伍军人中选拔的，白衬衣、白手套，绝对标准。这就是华为极致的以客户为中心的文化表现。

华为研发产品，并不是研发技术人员说了算，而是一定要根据客户的需求来开发。1998 年华为开启 IPD 流程变革以后，确立了以市场和客户需求为中心来开发产品的策略，使得以客户为中心的价值观深入到了华为管理的各个方面。

从公司董事长到销售与服务总裁，再到地区部总裁，都要以客户的需求为中心，谁不这样办谁就下台。

第二个关键词：以奋斗者为本

“以奋斗者为本”是华为非常出名的一个短语。

不是以市场人才为本，也不是以研发人才为本，而是以为公司奋斗的各个岗位上的各个类型的人才为本。这个“本”不是指职位的本，而是指公司竞争状态中人才的“本”。只要你是人才，只要你是奋斗者，只要你为公司创造价值，公司就会以你为本。

第三个关键词：高绩效企业文化

以客户为中心是人才管理的第一方向，也是公司一切行为的导向，是核心价值观的要求。

以奋斗者为本其实是一种精神，这种精神就体现在对公司创造价值的这些人身上。有这样的精神，有这样的人，最终就会创造出成绩，而这些奋斗者会带着整个公司走向成功。

如何识别奋斗者？如何让奋斗者这个群体发挥它的导向作用？一个关键和落脚点就是高绩效的企业文化。绩效是衡量员工的唯一标准。绩效好，升职加薪，配股提拔，这是一种简洁明了的管理风格，不需要太多理论，一切以实事求是的结果为导向。高绩效是一种公平竞争的机制。

以我为例。2006 年我在进入华为之前，没有干过人力资源。2009 年我向华为人力资源总裁吕克先生自我介绍时，戏称自己是华为人力资源体系里的“三无人员”，没有海外背景，没有硕士及以上学历，没有外企工作背景。我是以业务人员身份进入华为的，临时负责人力资源接口，结果因为工作做得很好，用了不到三年时间，我就从一个边缘部门的人力资源部进入了全球人力资源管理部，负责招聘业务。我在华为没有高层人脉，更不是领导的亲戚，从一个完全的外行成为人力资源领域的专家，靠的是我每年的高绩效。高绩效文化的价值在我自己身上就可以得到清楚的印证。

华为的总部设在深圳。深圳是一个人才聚集的地方，在这样一个移民城市里，为什么会有这么强的创业精神和创业意识？华为是如何在这样的生存环境中实现了 30 多年的逆势成长？这跟公平的环境、英雄不问出处的氛围有极大的关系。高绩效企业文化其实就是这种英雄不问出处、每个人在公平环境中竞争的体现。

对人才而言，最大的吸引力不是表面的薪资，而是背后成长和成功的机遇。当一个人凭着自己的努力做出高绩效，可以在未来获得成功的时候，我们可以看到，这种制度性的创新，才是对一流人才真正的最大的吸引力。

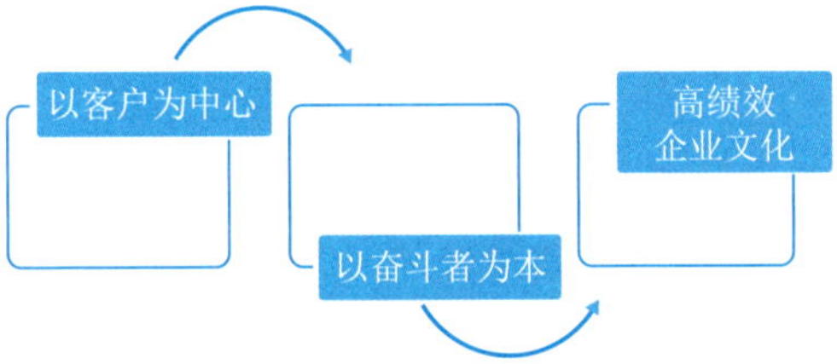

图 1-1　华为团队管理核心理念的三个关键词

企业有了明确的绩效指标，全体人员的前进方向和机会就会明确，所有人就会聚焦到本职岗位上，思考如何做出高绩效。这就达到了华为倡导的“力出一孔”的目的！

以客户为中心、以奋斗者为本的高绩效企业文化，其实就是华为人力资源管理的精髓。

第二节 导向冲锋

华为团队管理核心理念的第二条是导向冲锋，持续促进干部员工队伍艰苦奋斗，传承公司核心价值观。

这条理念可以拆解为两点。

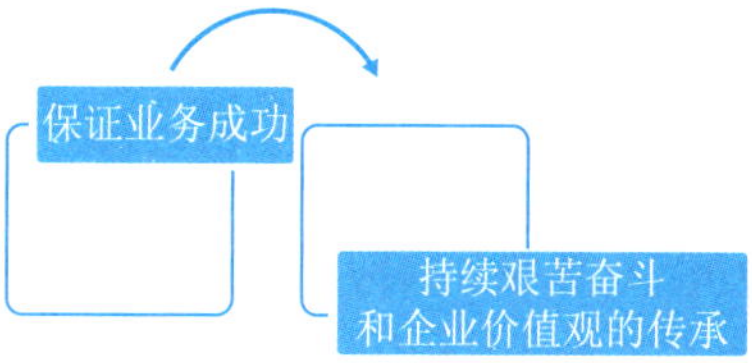

图 1-2 导向冲锋的两个关键点

第一，所有人才管理的出发点都是导向冲锋，也就是要保证业务成功。

导向冲锋是什么？就是要为业务单元的成功提供强大的支持。人力资源管理的出发点就是要让业务成功，这一个关键点毫无疑问。

人力资源和财务工作通常被认为是公司领导的左膀右臂，起到的作用是控制、约束和防范风险。华为要求人力资源是导向冲锋的助推器，而不是绊脚石；是保证队伍向前冲锋的机制，不是招招人、发发工资，也不是把业务部门的绩效考核、薪酬分配管死，而是要用一个灵活的机制促进业务快速成长。

人力资源是助推器还是绊脚石？一词之差，会产生两种截然不同的人力资源队伍搭建的方式。我接触过的一个盛极而衰的手机公司，就曾经让审计部主任去当人力资源总监，每天找业务部门的毛病，把限制、怀疑和打击作为工作的出发点，最终结果可想而知。

分享一个华为的案例。

2011 年，华为开始推行“分灶吃饭”的管理机制，每个业务单元可以根据自己的需要动态地管理自己的薪酬包。我记得，一开始对这个管理机制的应用还不是太成熟，导致多招了将近 1 万人，于是我和当时负责推行这个机制的领导进行了交流。

我说：“这样做下去我们可能会有一些失控。”

他说：“没关系，管理就是要付出成本的。我们人力资源做的事情其实就是要帮助业务成功，朝这个方向走，分灶吃饭，让薪酬包管控成为公司一个根本政策。这个政策是帮助企业去导向冲锋，我们在这个过程中可能会犯点儿错误，但这种成本是必要的。”

从中我们可以看到，在这种管理的背后，人力资源真正该做的其实就是导向冲锋，让业务成功。短期可能会有一些失误，但是要为这些失误买单，这就是华为的魄力。

这种多招1万人的魄力，为今天华为成长到千亿美元的管理体量奠定了一个很好的基础。如果当年没有放手让大家分灶吃饭的基础，我相信也不可能有今天这些优秀的管理干部带领公司持续走向成功的成果。

第二，人才管理要抓的重点，是员工的持续艰苦奋斗和企业价值观的传承。

很多公司一上市，中高层有钱了，没有动力了，就不愿意奋斗了；基层分不到钱，全是牢骚，也没有动力。这样的公司，结局可想而知。所以，如何让员工持续艰苦奋斗，也是人才管理中至关重要的一个问题。

艰苦奋斗不能只停留在口号上，而要落实到实际行动中。比如华为有很多员工，越到高层越辛苦，但也更愿意艰苦奋斗。这种艰苦奋斗不是指吃糠咽菜，喝咖啡也可以艰苦奋斗，最重要的是有工作的激情，有可以为了最终业务的成功连续加班十几个小时，甚至在晚上开全球会议的激情和精神。

艰苦奋斗是华为的价值观之一。华为的价值观包括：成就客户，艰苦奋斗，自我批判，开放进取，至诚守信，团队合作。

没有价值观统率的队伍就是一群乌合之众。

2016年，我在给福建晋江的企业家讲课的时候，一个学生问我："冉老师，你怎么看待乐视？"我说："乐视的一把手虽然是我们山西老乡，但是我很不看好这家公司。"他问："为什么？"我说："我没有见过一家公司光靠收购和高薪而不做一种文化的黏结就可以成功的。伟大的公司一定经历过苦难和波折。一家好的公司一定会穿越几个时代，穿越经济波动的周期。跌入低谷的时候还有反弹的能力，这才是一家好公司的根本。"

其实，在公司发展较好的时候，很多问题会被掩盖。但是当这个公司遇到一些危机的时候，上下能否众志成城，能否坚守自己的核心价值观，从而走向成功，这一点就显得太重要了。如果大家没有一个核心价值观，只是为了钱，那么遇到困难时就会作鸟兽散。

华为在走向成功的过程中也遇到过一些危机。比如2001年互联网的冬天，任总发表了一篇文章《华为的冬天》，居安思危，对互联网行业出现的警钟，深刻反省自身问题，更重要的是传达出持续艰苦奋斗对于一个企业的重要性。华为在危机中依然活得很好，靠的就是上下统一的价值观，靠的就是长期养成的持续艰苦奋斗的精神。

企业的成长绝对不是一帆风顺的。美国在5G领域落后，因恐慌直接出来打压华为。2018年底，美国再次施展长臂管辖的套路，要求加拿大政府扣押在加拿大转机的华为副董事长、首席财务官、任总的女儿孟晚舟女士，试图从情感上摧毁任总的意志。华为遇到的不仅仅是过去竞争对手的围剿，甚至是世界上最强大国家美国的公开围剿。尽管这些技术上的围剿也从侧面证明了华为的强大，但是华为面临的环境确实更加恶劣。在这种状态下，任总说，美国可以不买我们的设备，那么我们就要把产品做得更好，就要把5G做得更好，让他们不得不买。有核心价值观，就能统率整个队伍，就能够在艰难困苦中长期坚持。在最困难的时期坚守艰苦奋斗的精神和核心价值观的传承，方能构建起华为的强大精神。

第三节 以奋斗者为本

华为团队管理核心理念的第三条是**以奋斗者为本**。奋斗者是企业的财富，华为坚持以奋斗者为本，让奋斗者得到合理的回报。这条理念又可以拆解成四个概念：合理的回报、奋斗者、核心人才应具备的气概和以奋斗者为本的合理回报。

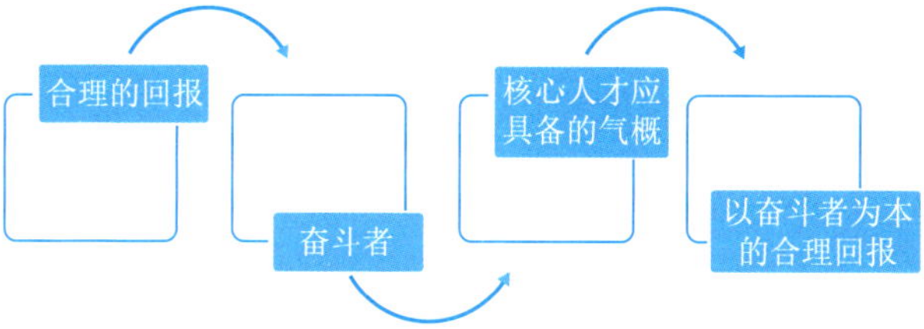

图 1-3 “以奋斗者为本”的四个概念

合理的回报

这是一个世界级难题。“合理”二字真的很难做到，人心不足蛇吞象。我们看到的现状往往是，领导者认为员工做得不够，员工认为自己做了很多却没有拿到合理的报酬。所以怎么才能做到合理呢？没有办法，大多数企业只能不公开薪酬，采用薪酬保密、发奖金、发红包等方式。

相比之下，华为能够在公开场合宣示，要让奋斗者得到合理的回报。它是怎么做到的呢？合理回报，首先要有正确的评价。华为有正确的评价，对每一个人做了什么样的事情、有什么样的结果，都能有一个明确的评判。在这种科学评价的基础之上，才可以讲合理的回报。

企业家和职业经理人之间存在一条天然的鸿沟。企业家的逻辑是，员工创造了价值，就根据价值的多少来进行分配；而职业经理人的逻辑是，企业给多少报酬就付出多少努力。这两个角度都没错，因为各自的立场不同。人才管理就需要建立一套有效的机制来填平这道鸿沟，这套机制就是我们讲的绩效契约。通过事前建立评价分配的标准，引导职业经理人先作为，有了结果，达到了目标，就能推动领导者根据事前约定的标准进行分配。真正做到了这一点，也就将分配的双方统一在了一个标准上，从而实现了“不让雷锋吃亏”。

华为从 20 世纪 90 年代中期就推行绩效大排名。每个部门对自己的员工根据绩效高低进行排名，上一级部门一一对比各下属部门的员工，进行更大范围的排名，以此类推，直到把公司全部员工（当时也只有几千人）都做一次大排名。排名前 20% 的员工会被列为重点发展对象，加薪升级。大排名的做法虽然看起来费时耗力，但是动员所有干部参与进来对员工进行全面、慎重的绩效排名，价值非常大。

奋斗者

华为的“奋斗者”有两层含义：第一层是贡献者，第二层是岗位的均衡发展。

深圳有个朋友曾经跟我讲到这个问题，一提到奋斗者，他说华为没有人性，居然让大家放弃休年假。其实这是外界的一种错误理解。华为的“奋斗者”有别于另外一个词“劳动者”。什么叫“劳动者”呢？劳动者就是要求付出了就要有回报，比如我加班了就要有加班费，我付出了，公司就该给钱。华为同样尊重劳动者，但与之相对的，华为更推崇员工当奋斗者。奋斗者其实是贡献者，强调我们要为最终结果而奋斗，要为最终结果买单。同样，员工的付出不一样，回报也就不一样。劳动者既然享受了安逸，就只能享受应得的工资，没有资格获得配股；而奋斗者因为超额的付出，对结果负责，就可以获得配股分红权利。这也是一种公平分配。

奋斗者导向结果成功，每个人为了同一个目标而工作。奋斗者是要修建高楼大厦的人，而不仅仅是搬砖。这就是我所理解的华为的“奋斗者”的第一层含义。

不以研发人才、产品人才或者市场人才为本，而是以奋斗者为本，其实这里面体现的第二层含义就是岗位的均衡发展。很多公司都是这样，在校园招聘的时候，对于技术性岗位给的起薪都比较高；对于管理类岗位，比如财务、人力资源，给的都比较低。华为是我知道的为数不多的采用统一起薪的公司，比如本科生 9000 元、研究生 12000 元，不管从事什么岗位。

这体现了岗位的均衡发展，而不是某个单一方面的发展。华为并不按照岗位来衡量员工对公司的价值，无论在前端还是在后端，只要员工在岗位上做出了成绩，他就是贡献者，就是奋斗者，就可以去分享公司成长的红利。从人的角度来讲，大家只是从事的岗位不同，每个人都可以为公司创造价值。在创造这一点上，每个人都是一样的。从企业的角度来看，只有市场的发展，或者只有研发的发展，都跑不快，比如人力资源管理、财务管理如果跟不上，最终会把企业绊倒，所以均衡、持续的发展才是企业的根本。

核心人才应具备的气概

核心人才要有一种舍弃的精神，要明白企业大义，虽然放弃了一部分劳动者的权益，比如年假，但是获得了奋斗的机会和成果，这就是一种为企业生死舍弃小我的大义。核心人才要有使命感，要有支撑企业发展和成功的担当，而不是只考虑个人的得失。

2007 年，华为发生了一个知名的 7000 人大辞职事件，在社会上一度成为热点。我当时作为人力资源专家，也参与了其中一些工作。我看到在这次事件中“辞职”的每个人，对于公司都表示了高度的理解，并积极支持和配合。为什么？因为我们不能让公司被拖垮，公司不能给每个人一个金饭碗，告诉你在这里可以养老，而是只有不断奋斗才能保持公司的成长。所以奋斗者其实也是一种精神，这种奋斗不只是我们的关键人才和干部在岗位上的奋斗，也可以表现为适时的退出。在合适的时候，配合公司的退出机制，让出位置来，让更年轻、更有干劲的人推动公司不断发展。选择退出，其实也是一种奋斗，这种奋斗成就了上下一致的奋斗，推动了公司 30 年的发展历程。当然最终只有极少数人选择了离职，绝大多数人都是先辞职，再重新办理入职，继续在华为从事自己的工作。

外界很多人认为华为此举是在逃避劳动法中无固定期限这一条款，但真正做过企业、理解企业经营的人，都会理解这种无奈背后的勇气。是要将员工保护起来，躺在公司奋斗者的身上睡大觉，还是要激发每个人的斗志，努力向前冲？2019 年，我们看到举国对华为科技创新致敬，也就可以理解华为当年敢冒天下之大不韪的苦衷和初心了。为了卓越，必须奋斗！

以奋斗者为本的合理回报

给奋斗者的合理的回报，一定要看得见、摸得着。我记得 2009 年第一次校园招聘的时候，大家在一起测算：在华为工作三年到底能拿多少钱。当年的测算结果是进入华为工作三年，发展正常的员工年收入可以达到 30 万元。我相信在 2019 年这个数字可能会达到 50 多万元。员工进入一个企业，工作三年，正常发展，得到的回报能达到这样一个水平，是非常不容易的。我们当时甚至计算过进入华为多长时间可以买套房、买辆车。

当年开拓海外市场的时候，华为的奋斗者们一个个都冲向了前线，在海外一线艰苦的环境中开疆拓土。华为获得成功的同时，这些奋斗者们也获得了丰厚的回报，收入在上百万元、上千万元的大有人在，这背后其实就是华为回报奋斗者的精神。你奋斗了，就会获得一个很好的结果，这就是华为的以奋斗者为本。

核心工具箱

华为团队管理的三个核心理念

1. 高绩效企业文化
2. 导向冲锋
3. 以奋斗者为本

高绩效企业的三个关键词

以客户为中心

以奋斗者为本

高绩效企业文化

第二章

灰度用人之法

万丈高楼平地起！人力资源的核心就是把合适的人放在合适的位置。灰度用人，讲究的是人才的指向一定要正确，华为从2006年起在校园招聘中推行的集体面试，就是用五项基本素质来作为华为领军人才的选拔标准。但对于人才的认识，又不拘泥于完人，在华为的人力资源管理中，任正非每年都对应届生招聘提出具体的要求，从招聘“偏才”“怪才”到“少年天才”。不找完人，恰恰是华为灰度选人的精髓！

第一节　华为用人的六条标准

21 世纪，人才最贵。但什么是人才，什么样的人是人才，确实困扰着很多企业。用人标准就是企业对人才的理解，也是企业基因的密码。

很多企业根本没有用人标准，每个面试官都按照自己的思路招人。但其实一个企业就像是企业家的孩子，最重要的是要传承基因。企业只有有了基因密码，才可以复制和掌握。

只有掌握一套用人的标准，持续地对照这个标准来选人，才能构建出自己的人才梯队。光靠从外部招聘、直接挖人是不行的，没有一家企业可以靠直接挖人，不建立自己的人才队伍而成功，所以用人标准真的很重要。

华为用人有六条标准。

其一，全力以赴的奋斗激情

要想打造一支狼性团队，就一定不能找绵羊；找了一群绵羊，想要把它们培养成狼，这是绝对不可能的。所以要打造一支狼性团队，首先要招狼崽。从人才入口出发，就是要找全力以赴、有奋斗激情的人。

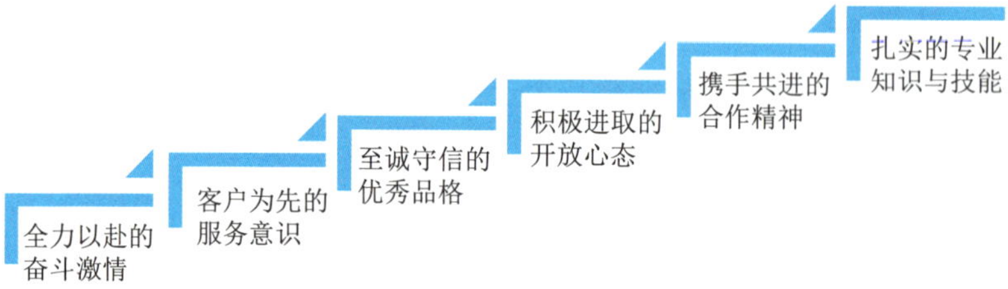

图 2-1　华为用人的六条标准

深圳是华为的全球总部，在总部工作的人常常需要与全球的分部开电话会议。比如美国的早晨就是欧洲的下午、中国的夜晚，所以开会的黄金时间是晚上的 7 点到 9 点。这在中国是下班时间，而且这种会议不是一次两次，是经常甚至每天都会有，这对华为全球总部的员工来说是一个挑战。如果员工队伍没有奋斗的激情，就一定会跟公司抗议说这侵犯了我的休息时间。但是在华为从未发生过这种情况，因为华为选中的员工全都是富有奋斗激情、全力以赴的人。

其二，客户为先的服务意识

一个企业要打造以客户为中心的文化，前提是要有以客户为先的服务意识。

首先我们要明确什么是以客户为先的服务意识。华为董事、战略研究院院长徐文伟先生2009年在校园招聘核心工作组会议上曾经讲过一句话，以客户为先的服务意识就是端茶倒水的能力。华为招了很多来自985、211院校重点专业毕业的硕士，他们都是天之骄子，但选拔中一个很重要的标准就是要有服务精神。只有具备这种端茶倒水的精神，才可能服务好客户。所以以客户为先的服务意识不是抽象的，那种成就他人、服务他人的意愿，可以从各种具体的小事中得到体现。

其三，至诚守信的优秀品格

在华为，大家在会上承诺要做的事，到规定时间一定都会很自觉地交出成绩单，这就是诚信。华为把诚信设为高压线，一旦触碰就会立即被开除。许多年前我负责华为人才录用的审批工作，有一次财经部门的人力资源找我，说有一个员工的英语四级证书造假，但是这个人的背景好，孟总（孟晚舟）也说这个人可用。我对那个人力资源说，请你在这份申请录用的材料上面写清楚此人英语四级证书造假，但是鉴于这个人的专业能力，可以录用，请孟总签字。只要孟总签字，我们就通过。结果这个人力资源再也没有就此事找过我。

为什么诚信如此重要？因为一个企业内部沟通的成本是很高的，只有诚信度、透明度高，企业内部的运营成本才能降低，管理的难度也会小一些。如果大家钩心斗角，你防我，我防你，你挖坑，我埋线，这样的团队肯定无法成长壮大，这样的企业可能到百十来人的规模时就会遇到问题，到千把来人时就会问题重重，如果真的有了上万名员工，那企业内部肯定是山头林立。

其四，积极进取的开放心态

我在华为曾负责全球人才引进。华为虽然在这个领域已经具备了领先的优势，但仍时刻关注着这个世界任何一个角落的创新。当领英这家美国公司规模还不大的时候，华为就跟领英全球销售副总裁有过交流，并派人参加了它在拉斯韦加斯举办的全球年会。了解到领英基于商业交流所构建的人脉社交模式之后，我们就推动采购立项，一次性采购了它的 7 个全球账号，甚至影响领英将它位于澳大利亚的区域总部搬到了中国香港，就近提供服务。

正是因为对于新事物永远保持一个积极开放的态度，才能在早期就发现像领英这样的优质伙伴，并获得更优质的服务。许多大企业的员工总有一副高高在上的姿态，这是很不可取的。一定要始终保持开放的心态，主动而为，积极开放，这样才能接纳更多好的东西，并为己所用。

其五，携手共进的合作精神

这也是华为用人标准中很重要的一点。在华为内部有一句话：胜则举杯相庆，败则拼死相救。同事胜的时候能够为其举杯，是一种大度；同事败的时候不落井下石，而是拼死相救，是一种大义。以这种大义为核心的合作精神才是一个公司的灵魂。而在很多企业中，我们看到更多的是墨守成规，是漠然，是墙倒众人推。

在近 20 年的职业生涯中，我常反复思考，其实很多企业不是不提倡合作精神，而是在用人标准中没有明确这一点，从而没有把那些善于跟他人合作的人纳入组织。组织当中不愿意跟他人合作的人越多，想要打造合作文化就越困难。如果想要在企业内部培育团队合作的精神，并不是搞一次团建活动就能做到的，而是要认真踏实地去挑选那些有合作精神的人加入团队。

其六，扎实的专业知识与技能

华为的六条用人标准中，真正针对专业技术的要求只占一条，而且放在最后。为什么？因为人的能力是可变的，知识技能也是可变的，但是人的素质是早已形成的，不是说变就能变。

看重人的素质，为华为更好地识别和使用人才奠定了基础。华为从30多年前成立到今天，按任总的话说，是从扎着羊毛巾的泥腿子，到洗脚上岸穿西装。从国内市场到全球市场，再到在全球市场成为行业领军企业，这个过程中几千名各层级的核心干部都是华为自己培养的。这一点在中国企业管理的历史上，甚至在整个企业管理的历史上都是非常难得的。

想拥有一支强大的团队，首先要有一个明确且正确的用人标准，只有这样，才能够行走天下，才能够成为一个成功的组织。

华为识别出了一批正确的人，而这些正确的人经过30多年的锤炼，逐渐成为公司的顶梁柱，这印证了华为30年来坚持的用人标准是正确的，而这套标准就是华为最宝贵的财富。

第二节　华为识人的五项素质

从 2006 年开始，华为在集体面试当中引入了领军人才的五项素质，即主动性、概念思维、影响力、成就导向和坚韧性。这五项素质就是华为人才基因的真正密码。

第一个素质：主动性

主动性是指人在工作当中不惜投入更多的精力，善于发现和创造新的机会，提前预测事情发生的可能性，采取行动，从而提高工作绩效，避免问题的发生或创造新的机遇。这种主动不只是简单地积极行动，而是强调要有结果，要有预见性，而且这种预见性要产生好的结果。

主动性可以分成四个等级。

主动性零级的人不会自觉完成工作，需要他人的督促，不能提前计划和思考问题，直到问题发生才意识到事情的严重性。

主动性一级的人能主动行动，自觉投入更多的努力去工作。这类人不需要别人督促，只要分配的工作在他的工作范围内，他就会自觉地投入时间去做。很多企业家羡慕深圳这块创业热土。在深圳南山的科技园里，每天晚上 10 点之后还有很多大厦灯火通明，陆陆续续有人从大楼里走出来下班回家。其实这种场景的出现是因为企业选择了一大批主动性一级以上的人才。如果不想整天催促员工，最简单的办法就是选择主动性高的人。

主动性二级的人能主动思考、快速行动，及时发现某种机会和问题并快速做出反应。二级建立在一级的基础之上，主动性二级的人不光能快速自觉地工作，还会主动思考，预判某一种情况，然后采取相应的行动。如果你手下有这样总是“蠢蠢欲动”的人，那真是捡到宝贝了。

主动性三级是最高等级。这类人不会等着问题发生，而是会未雨绸缪，提前行动，规避问题，甚至创造出机会来。谈管理的时候，常常会说到一个抗洪的例子。很多人说洪水来的时候有抗洪先锋就行了，但也有人说我们平时把工作做好，疏浚通淤，建造堤坝，就不会有洪水发生。这个例子很好地说明了主动性二级和三级的区别。

任总曾在接受外媒采访的时候说，华为不仅 5G 做得好，微波也做得好，这两个合起来在全世界范围内华为做得最好。而华为微波产品的开发所带来的成功就是主动性三级人才打造的。

华为微波产品的诞生有这样一段历史：早年任总认为微波没多大用，

提出把微波这条产品线砍掉。但微波产品线总裁彭智平根据自己对市场的嗅觉，觉得这是一个好产品，就偷偷在他的人力预算中挤出了几十号人研发微波产品。两年以后，在非洲市场发现埋光纤不现实，建基站成本太高，而微波是最低成本的通信工具。正在任总万分后悔的时候，彭智平说，任总，没问题，我们的微波产品已经可以交货了。这个故事体现的就是主动性三级人才未雨绸缪的能力。

总结一下，从零级的没有主动性到一级的主动行动，再到二级的主动思考、快速行动，最后到三级的未雨绸缪，每一个提升都是一次飞跃。华为的用人标准是至少达到主动性二级，也就是说，只有能主动思考、快速行动的人才，公司才会录用。

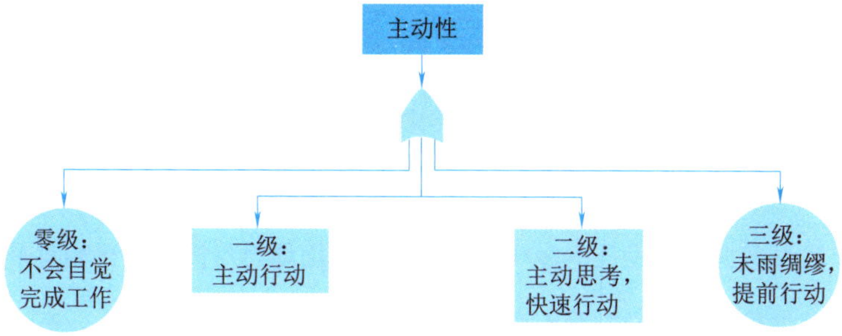

图 2-2　主动性的四个等级

第二个素质：概念思维

我们常说要找聪明人，那么聪明和不聪明的区别到底在哪里呢？其实最主要的就是概念思维，换言之就是思考方式。概念思维是一种识别表面上没有明显联系的事情之间内部联系本质特征的能力，也就是说在面对不确定现象的时候，能找到里面的要害，高屋建瓴，一语道破。这是一种大的思考结构，要根据有限的信息做出全面的判断。能做这种结构化思考的人就是聪明人。

概念思维也分成四个等级。

概念思维零级的人不能准确而周密地去思考问题，碰到问题想不清楚，弄不明白。

概念思维一级的人可以进行简单的类比。所谓简单类比，就是根据自己过去的经验，对某个行为进行类似的复制。比如说我会打篮球，那么在此基础上，我也能通过简单类比，很快学会其他相似的球类运动。

概念思维二级的人能触类旁通。触类旁通就是指运用复杂概念的能力，通过掌握事物发展的客观规律，以点带面地思考问题。比如我是厨师，菜炒得很好，同时我也可以做管理，用炒菜的方式来管人。有一些做营销的人跨界做人力资源也做得很好，去做财务也能胜任，那是因为每个职位背后的深层规律是相通的。更厉害的人甚至可以跨行业，在不同的行业间游刃有余地切换。

这不是因为他们是天才，而是因为他们掌握了事物发展的根本规律，做到了触类旁通。

概念思维三级的人懂得深入浅出，他们不仅能将复杂事物一眼看破，还能高度总结成简单易懂的概念，让别人也能理解。

老子在《道德经》中讲过一句话，叫作“治大国如烹小鲜”，意思是治理一个大国这么复杂的事情其实就跟做一锅菜是一样的。做菜讲究什么？第一食材，第二火候，第三色香味的搭配。要做一道好吃的菜，选择的食材必须是上等的，火候要掌握好，还要讲究色香味俱全。其实治国和炒菜是一个道理，食材就是国家的人才，火候就是处理社会矛盾时要掌握的分寸，过犹不及。同时，要给大家美好的希望，让大家冲着这一希望前进。

再举一个华为的案例。1997 年，李一男在华为领导无线产品的开发。当时华为要从固网转到无线产品开发，没有任何技术积累。李一男就从国外类似产品的一张产品说明书开始，构建起了庞大的华为无线产品开发体系。李一男之所以能创造这样的奇迹，是因为他能够深入浅出地抓住事物的深层规律。

图 2-3　概念思维的四个等级

第三个素质：影响力

影响力就是指施加影响的能力，是试图去说服、劝服、影响他人，留下印象，让他人支持自己观点的能力。影响力其实是人与人之间的一个场。这个场是一个人魅力所构成的天然资源，是一种人和人相互影响的方式。影响力的难点在于，主观上我们想让别人接受我们的观点，但是客观上我们又没有权力将自己的意愿强加给别人。

影响力同样分成四个等级。

影响力零级的人不能清楚地表达，说服不了别人。这类人不仅不能有效影响他人，还容易被他人影响，盲从者、从众者就是典型代表。

影响力一级的人采用直接说服的方法来施加影响，通过向别人讲述理由、证据、事实等来直接说服对方接受自己的观点。在影响别人的过程中他只能去争理。他会做很多准备，告诉别人这样做会怎么样。比如，法律法规是这样定的，自然规律等一切的规律都是这样的，所以我说的是对的。但是有时候我们会遇到一种情况，叫作“秀才遇到兵，有理说不清”。讲理的遇到不讲理的怎么办？我们会发现这个光讲理的人很多时候说服不了那些不讲理的人，或者不讲理的人根本没听懂那些“理”。

影响力二级的人能换位思考。换位思考就是用别人的话去解决别人的问题，这又高出了一个境界。我们经常说某个人情商很高，见人说人话，见鬼说鬼话，比如他跟你聊家常的时候，其实是在给你讲道理，想要影响你。他不会直接说“我要赚你的钱”，而是站在你的角度，问你是不是想要健康、是不是想要幸福？所以你要去做哪些事情，这不是我要你去做，而是你自己需要做。这就是沟通立场的转变，他能够站在别人的角度去思考和表达。

影响力三级的人用的是综合策略。他会用复杂的策略影响别人，或者通过微妙的手段来使别人接受自己的观点。围魏救赵就是个典型例子。我其实想要 A，但是我不说 A，我讲的是 B 的故事，最后通过 B 得到了 A，这是高手才具备的能力，这比换位思考又提升了一级。

零级的人影响不了别人；一级的人用简单的道理说服他人；二级的人能换位思考，情商高；三级的人有一种智慧，我根本不要你做什么，但是你得听我的，这就是未来领袖该有的潜质。为什么有的孩子从上学起就是学生干部？这样的孩子很可能天然具有领袖潜质，他们以后走到企业当中也会是领袖。很多企业招人的时候会优先考虑当过学生干部的应聘者，这是有一定道理的。

这里我们要注意，领导对下属的影响不算影响力。领导对下属的影响其实是一种因彼此地位不对等而产生的权威影响，这种影响并不能佐证一个人影响力的高低。一个人即使没有权力去要求你做任何事，但是你还是愿意听他的，这才叫影响力。影响力的结果是认同。

很多领袖虽然不是组织当中的干部，但是在民间有很大的号召力，这其实就是一个人影响力大的表现。在企业里面，我们也能看到某些员工这种与生俱来的影响他人的素质，这就是影响力。

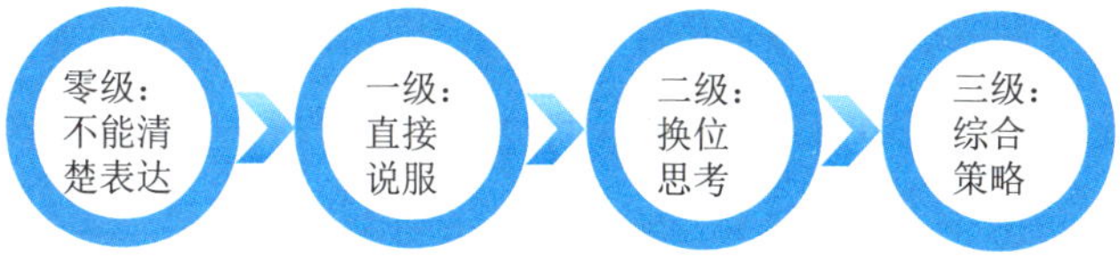

图 2-4 影响力的四个等级

第四个素质：成就导向

成就导向指的是拥有完成某项任务，或在工作中追求卓越的愿望。也就是说，一个人对自己的定位是小富即安，还是愿意从事具有挑战性的工作。成就导向高的人在工作中会强烈地表现自己的能力，并且不断地为自己树立标准。这就是我们经常讲的自驱力。

成就导向也有四个等级。

成就导向零级的人安于现状，不追求个人技术或专业上的进步。不少管理者经常抱怨，用了好多绩效管理的方法，就是没办法让某个员工提高积极性，反而要花很多精力盯着他工作。这样的人就是成就导向零级的人。对待安于现状的人，给他设立更高的目标，承诺给他更高的奖励，他不会动心，因为他觉得一年赚 30 万元就很好了，不想承担年薪 100 万元的压力。

成就导向一级的人追求更好，努力将工作做得更好，或努力要达到某个优秀的标准。中国导入绩效管理已经这么多年了，但是国内各类企业当中践行成功的寥寥无几，根本原因就在于成就导向一级的人很少，具有工匠精神、追求更好的人很少。安于现状的人太多，绩效管理难以发挥作用。

成就导向一级的人天生就喜欢将自己的工作做得更好，达到上级设定的标准，因此绩效管理在这个过程中就能充分发挥出它的作用来。

成就导向二级的人会自设富有挑战性的目标。他们压根儿不需要上级设定目标，而是会自己给自己设立富有挑战性的目标，并且为达到目标而努力。有些偏执狂甚至会说，你设定的这个目标不行，我要为自己设计的更好的目标而奋斗。这样的人是不需要你去驱动的,他会自我驱动，不断追求前进，能达到这一级的人已经非常稀缺。

成就导向三级是最高级，这类人会在仔细权衡代价和收益之后，冒着经过评估的风险做出某种决策，他们为获得更大的成功敢于冒险，这也是我们经常讲的企业家特质之一。

成就导向三级的人，天生偏好高风险。所以不需要去赌某个人以后是否会成功，而是可以通过观察他的成就导向是否达到三级，来判断他有无创业成功的可能性。

余承东2011年临危受命，负责华为终端公司的日常管理。当时的华为终端公司营收不过一两百亿元，而且手机产品都是运营商定制，没有品牌，质量一般。面对这种情况，他毅然决定断臂求生，宣布不再给运营商代工，要做自己的品牌。这是需要冒极大风险的，可以说是置之死地而后生。有这种敢冒风险的精神，才能敢于大刀阔斧地改革，紧紧抓住市场的需求。所以他不仅在大家都能玩的互联网领域玩得转，在以小米为代表的互联网营销企业玩不了的黑科技领域，也可以充分发挥优势。最终在他的领导下，消费者业务提升到了一个惊人的高度。他的成就导向达到了三级。

图2-5 成就导向的四个等级

第五个素质：坚韧性

坚韧性是指在艰苦或不利的条件下能克服自身困难，努力实现目标；面对他人的敌意，能保持冷静和稳定的状态，忍受这种压力。聪明人往往韧性不够，韧性够的人冲劲又往往不足，但最终能成功的人不一定要极为聪明，却一定要能坚持。因此，坚韧性是成功的基础。一个人只有坚持才能成功，没有经历过困难，没有经历过磨炼，是不可能走向成功的。

坚韧性零级的人经受不了批评、挫折和压力，稍微遇到点压力就选择放弃。坚韧性零级的人很难做成什么事情。一个人很聪明，成就导向很强，概念思维也很强，但要是受不了一点挫折，那对不起，这个人根本不可能成事。

坚韧性一级的人叫“压不垮”。这类人在工作中能够保持良好的体能和稳定的情绪，能顶住压力工作。坚韧性一级的人能像老黄牛一样勤勤恳恳地工作，任劳任怨，但是不能对结果负责，也不一定能把事情做好。

坚韧性二级的人叫“干得成”。这类人不仅能在艰苦的环境中顶住压力，重要的是一定能把事做成。华为内部在给新员工培训的时候，曾讲过一个“把信送给加西亚”的故事。这个故事讲的是19世纪美西战争中，美方有一封具有战略意义的书信，急需送到古巴盟军将领加西亚的手中，可是加西亚当时正在丛林中作战，没人知道他到底在什么地方。年轻的中尉罗文挺身而出，接受了这个任务，不提任何条件，不惧任何困难，为达成目标排除万难。他在危机四伏的战场上徒步跑了三个星期，最终成功把信交给了加西亚。故事中的罗文这种不管多大困难都一定要把任务完成的表现，就达到了是坚韧性二级。

坚韧性三级的人能通过建设性的方式消除他人的敌意或保证自己情绪的稳定，不受制于压力，还能把压力解除。

在销售管理当中经常会出现这种情况，好的客户资源被一些老员工占有，新人只能分到一些差的客户资源，或者没有客户资源，长此以往整个资源就会板结。华为的历史上也遇到过类似的问题。

1996 年，时任华为董事长的孙亚芳曾经负责策划当年的市场干部大辞职，这在华为的干部历史上是浓墨重彩的一笔。通过让所有干部辞职的方式，公司重新挑选人才，旨在打破本位制度，构建“哪里需要人才，人才就往哪里去发展”的公司文化。干部依据公司的发展而流动，不再板结在自己的一亩三分地上。从中我们就可以看到策划这一事件的负责人坚韧性达到了三级，因为她通过建设性的方式解除了销售干部长期板结、捆绑客户，而新的人才无法分得好的客户资源的矛盾。

坚韧性，其实就是人生的厚度。

困难是啥？在坚韧性三级的人眼中，困难就是人生的日常。在挑战困难的过程中，他们感受到的不是痛苦，而是自我超越的喜悦。但是在坚韧性零级的人眼里，困难就是越不过的坎儿。这就是人与人在坚韧性上的区别。

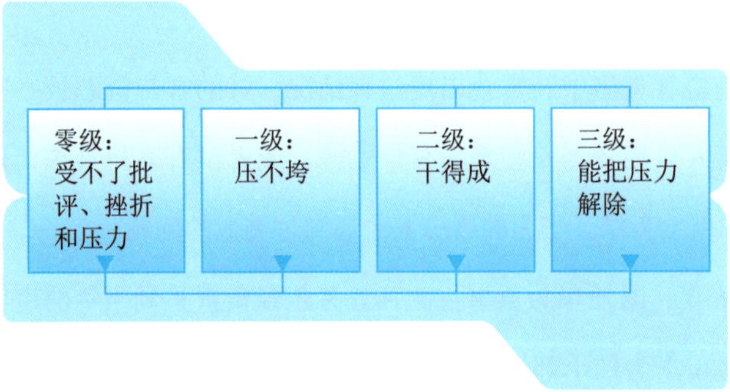

图 2-6 坚韧性的四个等级

第三节　用五项素质进行人才评估

我们来分析一下华为识人的五项素质的内在逻辑。

主动性代表着一个人的一种态度、一种追求。

概念思维是一个人的本体。一个人的本体是良好的、强大的，才可能驱动成功。

影响力是一个人和外部进行能量和信息交互的场，影响力越大，场就越大，对周边的影响也就越大。

成就导向是一个人的目标追求，目标追求越远大，动力就越足。

坚韧性是一个人的底，这个底构建了人生的基础。如果这个底很厚，也就是如果一个人有很强的坚韧性，他就可以在人生的历程中克服一个又一个困难。

这五项素质反复锤炼，就构成了领军人才需要具备的素质：积极，聪明，有强大的场能影响他人，有远大的追求，面对挑战坚持不懈。

我自 2017 年创立战略与人力资源咨询公司以来，已经对 18 家企业的近 1800 位中高层干部进行了这五项素质的评估。从评估的结果来看，五项素质都能在二级以上的仅有 9 人。

评估是通过访谈的方式进行的，一般在 30 分钟左右。访谈的第一个问题是请当事人介绍现在正在做的工作。对这个问题的回答能反映出他是否能够清晰地描述他的工作，对这份工作的上游、下游、所面临的挑战是否有清晰的认知，以及他对工作的价值是如何分析的。这些都能反映出他的概念思维处于什么等级。我们会根据他的反馈进行一些追问，比如他是怎么解决工作中遇到的问题或挑战的？是密切关注、积极推进，还是等待下属反馈、遇到阻碍就选择止步，就能体现其主动性和坚韧性的等级。而在整个访谈过程中，他的表述方式是单纯陈述事实，还是能够联系数据举一反三，则可以体现出他的影响力。访谈的过程中我们就能对他的五项素质做一个大致的评判，重点是考察他的概念思维，看他是否能对工作本身做出详细的判断。

> 分享一个实际案例，访谈对象是某高端制造业企业的销售总监。
>
> 在访谈中我问他，您的年度销售计划，制订的依据是什么？
>
> 他回答：原来在成熟的公司就是这样做的。
>
> 我追问：目前您的公司有几百家的经销商客户，他们现在的生

存状态是什么样的？

他回答：有一半已经遇到了生存问题，前十大客户的销售占比已经在下降。

我又问：发生了什么？

结果他没有办法解释了，从中可以看出他的考虑不周到。

接着我再问：竞争对手这几年都在做什么？

这个问题是想看他是不是对整个行业有清晰的认识。

很可惜，他用一句话回答我：对不起，市场部没有给我这样的数据。

我继续提问：那么您现在直接管理的10个干部当中，有几个您认为是胜任的？

这位总监说：有三个，剩下的都不胜任。

我又问：如果剩下干部都不胜任，那您准备接下来怎么办呢？

他说：要培养梯队，要赶紧招应届毕业生。

我说：现在招应届毕业生，培养到他们能够独当一面至少是三年以后的事情，但是您现在手下就有7个不胜任的干部，您该怎么办？

他哑口无言。

从以上对话中我们可以看到，这位销售总监对于复杂的销售业务只能做到简单类比，“原来在成熟的公司就是这样做的”，他只是把方法照搬过来，这就是我们经常在企业里面看到的管理型干部、成熟型干部的特点——只知其然，不知其所以然。他们没有办法因地制宜地解决问题，只会说“我在华为是这样做的”“我在联想是这样做的”。但是现在这个公司又不是华为，不是联想，照搬原来的做法是否适用呢？结果往往是不理想的。这是概念思维不强的表现。

市场部有没有给数据，其实考察的是他的主动性。他可能会说那我就让他们赶紧做个报告，如果很久都没做出来，就是市场部的问题。但我们看主动性的要求，应该是他自己主动去要报告，而不是简单布置工作之后就一直等着反馈，所以他的主动性只能被评为零级。

在交流过程中，我们可以看到，他只能描述事实，直接展示数据，工作都没有抓到点子上，所以他的影响力最多只能被评为一级。

我问：下一步的工作计划是什么？

他回答：要加大广告的投入。

我追问：投入产出的测算结果是什么？

他回答：没有测算。

“下一步工作计划”这个看似很简单的问题，其实可以看出他的工作计划和方案是否具有挑战性。从他的回答中可以看出，在成就导向方面，他没有为自己设立富有挑战性的目标。

我继续问：在公司近一年的工作中，您做得最有成就感的一件事是什么？最失败的事是什么？

他回答：没遇到什么特别有成就感的事情，也没有特别失败的事。

我接着问：跟去年的业绩目标相比，实际您只完成了不到80%，请分析一下原因。

他回答：原因很多，有市场变化的原因。

这些问题是对坚韧性的考察，从回答中可以看出他在坚持做事，但是没有结果，因此坚韧性只能被评为一级。

根据这些回答中的信息，再结合上级、同僚和下属提供的信息，就可以得出对他最后的评价：五项素质中主动性零级，其他四个均为一级，连执行性人才要求都达不到，让这样的人担任销售总监这样重要的职位，对于公司来讲风险巨大。

值得注意的是，五项素质是用于评估选拔企业领军人才的，关注的是一个人在商业环境中要达成目标的素质基础。这五项素质是一个人相对恒定的特质，因此可以用它来做预测，从他过往的素质行为表现，推测他未来能不能干成事、适合干什么事，以此实现人尽其才。

因此，五项素质的评估结果，对应了三类人才分类标准：

• 开创型人才：主动性、概念思维、影响力、成就导向、坚韧性均达到二级及以上。

• 守成型人才：主动性、概念思维、影响力、成就导向为一级及以上，坚韧性为二级及以上。

• 执行型人才：主动性、概念思维、影响力、成就导向、坚韧性均达到一级。

表 2-1　五项素质对应的人才分类标准

基本素质	开创型人才	守成型人才	执行型人才
主动性	二级及以上	一级及以上	一级
概念思维	二级及以上	一级及以上	一级
影响力	二级及以上	一级及以上	一级
成就导向	二级及以上	一级及以上	一级
坚韧性	二级及以上	二级及以上	一级

五项素质的评估，很重要的价值就是把人识别清楚，从过去预测未来，把人放到合适的位置上。

五项素质中有一项为零级的，均不被视为人才，因为某项出现零级，意味着这个人在这个方面有明显的缺陷，且难以弥补，很难担当起企业领军人才的重任。如果企业花了很大的力气去培养，结果很可能是人没培养出来，企业花了很多资源不说，还可能给经营带来很大的风险。所以，某项素质为零级的人往往不堪大用。

执行型人才，需要达到五项素质中没有零级，这样的人没有明显不足，但也没有明显的优势，他们适合做具体的执行工作，能按公司的要求踏踏实实地做好本职工作。很多技术骨干、职业专家都是这一类人，他们很难高屋建瓴，但总能在自己擅长的领域把事情执行到位，也是人才。

守成型人才，要求在坚韧性上一定要达到二级，相对于执行型人才，他们最大的特点在于不管交给他们什么任务，都一定能完成，都能输出满意的结果。因此，守成型的人适合从事成熟业务的日常管理运营工作，擅长把打下来的江山守住，稳扎稳打，逐步发展壮大。这类人才适合用在大部分成熟的管理岗位。

开创型人才需要五项素质均至少达到二级，这样的人才是非常稀缺的。开创型人才顾名思义，适合负责开拓性、创新性强的工作，比如新业务的开发、新市场的突破等。他们擅长在未知领域发现规律、抓住机会、找到突破口，实现从 0 到 1 的突破，适合担任带头人的角色。这样的人往往非常聪明、活跃，对于重复性高、一成不变的工作容易缺乏耐心，所以从事常规的运营性工作可能反而不如守成型的人做得好。

对于不同的人才，应该根据其不同特点，充分发挥人才的价值，做到人尽其才，这是五项素质应用的最大价值。

利用五项素质评估人才，我已经用了 13 年，从心里说还真没有别的评估体系，让我敢于对企业家说通过我的评估，可以告诉你哪些人能用，用在什么位置，哪些人不能用。这么刚性的效果，也就只有五项素质评估体系可以达到。

核心工具箱

六条用人标准

全力以赴的奋斗激情

客户为先的服务意识

至诚守信的优秀品格

积极进取的开放心态

携手共进的合作精神

扎实的专业知识与技能

五项素质评估体系

主动性

概念思维

影响力

成就导向

坚韧性

第三章

灰度的评价

选对人，是人力资源成功的第一步。要想达到卓越的成果，我们就需要对绩效目标进行科学的管理。正确的人放在了正确的位置，接下来最重要的就是干正确的事情，而绩效管理就能起到这个作用。价值评价的根本在于精准，但是人类社会在人才价值度量上是无法做到绝对精准的，华为的灰度思想，就是要在牢牢抓住科学目标的基础上，允许绩效评价的迭代与优化。不求数字的完美，而是一定要通过评价找到真正做出价值的人，在数据完美与价值创造中体现了灰度的高度智慧。

第一节 科学的目标管理体系

绩效是管理的一个重要手段，但是很难做好，常常出现各种问题：目标定得不对，评价体系不完整，评价结果出来又没地方用。华为通过十几年持续的绩效管理，打造了一个很好的目标管理体系，把绩效做到了极致。

要做好绩效管理，首先要明确企业发展本质上依赖一种利益驱动机制，而利益驱动机制包括价值创造、价值评价和价值分配三个部分。

第一，价值创造，就是调动生产力中的各个要素，如劳动者、知识、技能、知识产权、资本和企业家资源，把蛋糕做大。

第二，价值评价。蛋糕做大了，就要考虑怎么进行价值评价，这是绩效管理很重要的一点。在平常的管理当中，很多人把绩效等同于绩效工资、绩效奖金，这是完全错误的。绩效管理要紧紧围绕科学的目标、公正的过程和刚性的应用这三个方面展开。

第三，价值分配。只有基于合理的评价，才可以行赏；行赏合理，才可以推动大家做更大的蛋糕，从而推动更加公正的评价，实现更好的分配，这就是企业管理的螺旋式上升。

价值创造就是做出你的成绩，在第一章中我们已经进行了阐释。本章的重点内容就是价值评价，它也是绩效管理的核心环节。价值分配会在后面的章节中具体分析。

要做好绩效管理还要贯彻三个原则，详见图 3–1。

图 3-1 科学的绩效管理的三个原则

科学的目标

做绩效管理不能简单化。有些公司急匆匆地给员工设定一个目标，评价也是员工自己去评，评完了以后打个分，把本来 1 万元的工资拆成两个部分，8000 元是基本工资，2000 元是绩效工资，然后把每个人当月的绩效得分乘以 2000 元，作为那个月的绩效工资。很多公司就是这么干的，但其实这是极为错误的做法。

绩效管理是一个系统，绩效目标是这个系统的基石。

如何设立科学的目标？这个很关键，也很难。大家想想什么岗位的绩效目标最好设定？很多人力资源会说，销售岗位的绩效目标最好设定，把业绩目标一分解，分到每个人头上就搞定了。这样真的对吗？我们不禁要打上一个问号。

我记得以前给一个企业做中高层培训，我问他们的研发总监一个问题："你的绩效怎么算？"他说："我不知道。销售才算绩效，跟我做技术的有什么关系？"其实这就是问题。科学的绩效目标的设计一定是围绕企业战略的主要方面构成的整体，而不是简单地把销售任务分解下去。

单纯地把销售任务分解下去，其他人都与这个目标没有关系，那是绝对不行的。因此，在日常工作中又冒出一种做法来，就是把收入和利润跟所有的干部挂钩。虽然表面上每个干部都跟企业经营联系起来了，但其实也没有意义，因为大家不知道这个目标和自己有什么关系。这是第二种做法，让每个人都去背同样的目标。

那么，正确的做法是什么呢？就是我们要用平衡计分卡的方式，把战略目标分解成各个要素，每个人都要去领为了达成最终战略目标自己所要背负的任务。

华为向美国公司学了很多管理经验，在绩效管理方面，有一个很重要的工具就是平衡计分卡。

平衡计分卡是 20 世纪 80 年代美国建立的一套绩效管理的指标分解方法，应用范围包括企业和政府，甚至还有非营利性机构。

它的出现解决了一个难题：如何将企业确定的战略目标有效地分解到各个组织，识别完成战略的各个重要因素，有机整体地推进。

我把平衡计分卡定义为企业经营的密码。掌握了这个方法，复杂的企业管理也就一目了然了。

具体来讲就是：

- 经营企业的目标是什么？股东满意。
- 股东怎么才能满意？赚钱，持续地赚钱。
- 怎样可以持续地赚钱？唯一的办法就是让客户愉悦，不仅仅是满意，满意只是成交的基础，只有愉悦才可以让客户持续地给我们的产品与服务买单。

• 如何让客户愉悦？一般来讲，最重要的就是让客户享受高性价比。

• 如何做到高性价比？那就是要有高效的流程。

企业到一定体量以后，在采购和销售方面很难与竞争对手有明显的差别，唯一的差别就是企业内部。要创造 1000 万元的价值，A 公司投入 100 人，B 公司投入 200 人，显然 A 公司的人均产出就是 B 公司的两倍，它就可以通过公平的市场竞争将 B 公司赶出市场。

所以，如何用最少的人产生最大的价值，最重要的就是要在企业内部建立高效的流程。

那如何建立高效的流程呢？就需要一支士气高昂且训练有素的员工队伍。

平衡计分卡从股东、客户、流程、学习与成长四个层面出发，帮助企业实现最终经营目标。

华为严格按照平衡计分卡的方法[①]，围绕业务增长的财务目标，不断完善，构建了客户层面的铁三角（产品力、销售力和交付力），在内部推

① 2009 年，华为又师从 IBM 导入了战略规划的 BLM 模型（业务领导力模型）。

动了各种类型、层出不穷的流程变革和流程优化，增强了运营能力、客户价值，并在学习与成长层面持续投入人力、组织和信息资本。利用平衡积分卡可以解读出企业持续成功的秘诀，即依靠全面、系统、长期的组织能力建设，才可以推动业务持续增长。

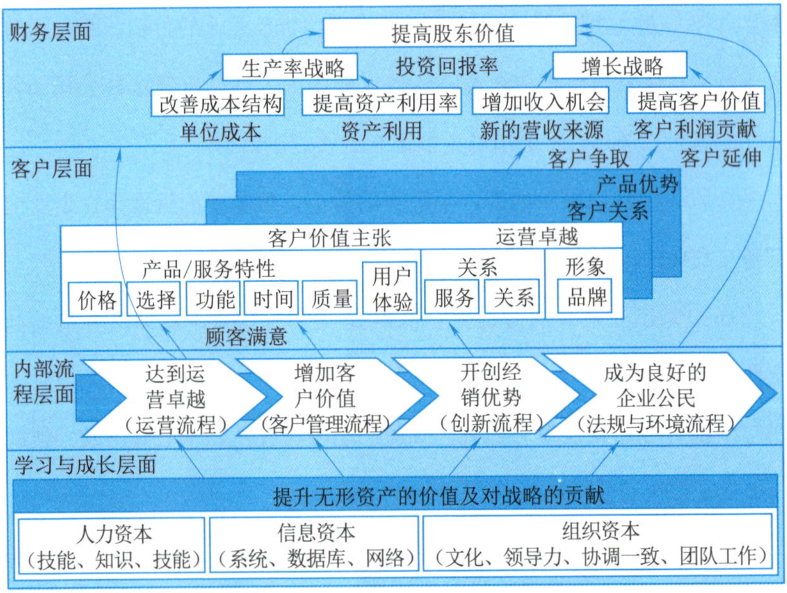

图 3-2 平衡计分卡示意图

一个大集团的人力资源总经理有一次问我："难道我也要背目标吗？"我说："你当然要背目标了。"他说："人力资源该背什么目标呢？是不是背招聘的满足率、人工成本的控制率目标？"我说："不对。招聘的满足率一定是匹配业务发展的，业务需要的人你及时满足就好了，如果业务不需要这么多人，招多了反而是一场灾难。"所以片面强调所谓招聘的满足率，其实是脱离了公司的业务结构。

从这个角度来看，我们要科学地分解哪些是人力资源应该做的事情，不光是业绩指标。所谓的 KPI（绩效考核指标）其实还包括很多内容，比如说某个公司面临大量的海外业务发展，大家不愿意出去怎么办。人力资源就是要建立"中国籍员工愿意去海外工作，并且做出成果"这样一个目标。如果把这个目标定好了，那就直接支持了公司的战略。其实每个部门都会背负这样的目标，而且都会背一个自己可以管理的目标，但这个目标不能自己去提。为什么？因为人经常会提自己容易做到的目标，这其实没有意义，目标一定是跟公司的核心战略挂钩的。

科学的绩效目标一定要有科学的方法做保证，这是搭建绩效管理体系的第一个重点。如果绩效目标定得不科学，不能跟战略挂钩，所谓绩效管理就无从谈起。

公正的过程

先简单讲讲何为“公正的过程”。我们知道，绩效管理的过程如果存在不公正，比如只要跟上司关系好，考核成绩就好，那员工就不会努力把自己的工作做好，而是会想尽办法钻营、搞人际关系。这就是为什么在绩效管理中一定要构建一个公正的评价过程。不管领导喜不喜欢这个人，一切要以结果为准，摆脱个人的喜好，才可以构建出公正的过程。绩效考核的过程如果没有公正性，就会对整个绩效管理造成毁灭性的打击。

刚性的应用

我们花了很多精力去做目标管理，做公正的评价，但是如果评价出来的结果没有得到有效应用，那其实整个绩效工作也是没有意义的，所以一定要基于评价结果，做到刚性应用。

刚性的应用是什么？人在企业的发展，无非升官或发财。怎么获得职位和薪酬的提升，是员工最关心的问题。这些内容如果没有和绩效挂钩，大家对绩效就不会在意。在华为，判断一个员工能不能升职，一定要看一看这个员工绩效怎么样，绩效不好就一票否决。同样，要加薪，也要看绩效好不好，不好也是一票否决。所以绩效的应用一定要刚性，这反过来会逼着管理者更加重视绩效目标的设计是不是合理，绩效评价过程是不是公正。

广东省一个年收入过百亿元的知名企业的人力资源副总曾跟我抱怨：“我想向华为学习，于是很辛苦地做了一套绩效管理体系，但是董事长每次都不看结果，你帮忙看看是怎么回事。”我看完后开玩笑地说：“我要是董事长，也不会用这样的结果。”原来他的绩效目标里面，低于 70 分会被定性为不忠诚。他说：“这是董事长的要求，我们公司的文化就是忠诚。”忠诚是每个企业都希望员工做到的，但是直接纳入绩效指标就很难操作，我们不能因为一个人工作没做好就说他不忠诚，同样，把工作做得好与忠诚也没有必然关系。所以这种评价就缺一个科学的目标，也不可能得出正确的结果。忠诚是一种文化要求,但不能简单地列为考核目标，认为员工对企业贡献价值就是对企业忠诚。我相信企业领导认为的忠诚不是简单地喊口号，而是能够在岗位上给公司持续创造价值。所以绩效目标要把企业的需求转变为可衡量的具体目标。

这位副总又跟我讲，他们公司的干部每年到了 12 月就哪儿也不去，天天在董事长身边，在一线工作，因为每次年度考核之前的一个月，董事长都会在各个车间、各个角落走动，大家都希望待在董事长能看到的地方，让董事长认可自己的工作。这其实就是缺乏公正过程的表现。大家都吃透了 12 月开始董事长会在公司各个角落转，所以都留在公司，都不出差，想让领导看到自己在工作，认为自己表现好。造成这种现象的主要原因就是企业缺乏一套过程公正的评价体系。

可见，刚性的应用是个难题。很多企业家、管理者都跟我咨询过怎么发钱才合理，拍脑袋发钱显然不是明智的做法。在本书后面的章节里，我会详细介绍这一点。在这里要强调的是，如果评价的结果跟员工最终的升官发财没有关系，那么对不起，没有人会重视。

这里做个小结，做好绩效管理有两个关键点，一是打造利益驱动的机制；二是贯彻好绩效管理的三个原则，抓好这三个原则，你就会把绩效管理做好。

第二节　战略解码，层层分解目标

上一节我们了解了华为绩效管理的三个原则，第一个就是要设立科学的绩效目标，那怎么设立呢？

设立绩效目标的过程，就是从公司战略目标到组织目标，再到个人目标的过程，这三个目标的统一才是构建科学的绩效目标的关键。如果公司的战略目标与组织不相关，那么这个目标是不可能落地的；如果不能把组织的目标层层分解到个人，这样的目标也很难实现。只有把目标落实到个人，使每个员工都知道公司要完成这样的战略目标，知道自己能为公司的战略目标贡献什么，然后始终围绕自己该干的事情去开展工作，才能把整个公司的人心凝聚在一个方向上，形成合力，力出一孔。

什么是科学的目标？怎么进行目标分解？这里要引入一个概念，叫战略解码。其实美国在 20 世纪 70 年代就已经开始用这个工具了。

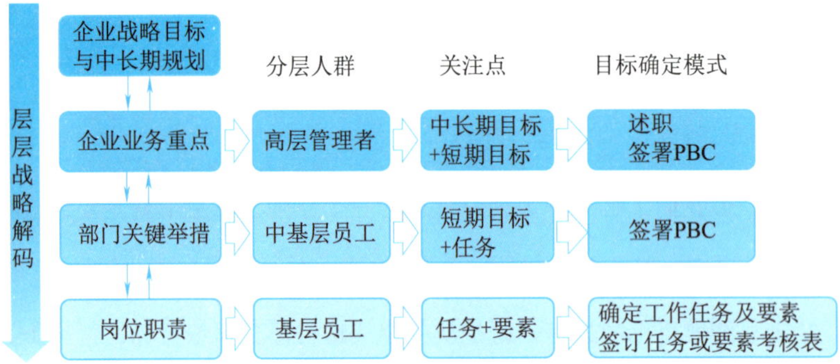

图 3-3 战略解码示意图

战略解码有几个关键点：

搞明白企业的使命、愿景和价值观

为什么战略目标一定要关注企业的使命、愿景和价值观？因为这能让我们搞清楚企业到底要什么。有人会讲，企业就是要赚钱。企业要赢利，这当然没有错，但是我们认真想一想，企业家创办一家公司，就只是为了赚钱吗？很多企业家在创业不久后就实现了财富自由，他到底还要追求什么？

设立科学的绩效目标，首先要搞清楚企业要什么。企业要的东西一定是符合企业最高领导的战略诉求的，绩效目标一定要和这个战略诉求一致。大部分企业家到一定程度时追求的一定不是钱，而是梦想与抱负，而每个企业家的梦想是不一样的，因此，战略目标不能简单地套用。比如，华为追求的是丰富人们的沟通与生活，那就不只是做一个基站，也不只是做个手机，而是要围绕丰富人们的沟通与生活这样一个愿景目标去开展所有的工作，要让沟通简单、可靠、高效。围绕沟通愿景去思考怎样构建落地指标，是设立目标的一个重要环节。

国有企业的目标也要体现出国家出资人的诉求。比如，公共事业单位就不能想着赚大钱，一定要微利，把利润留给老百姓。在这种情况下，我们的目标一定要体现核心诉求。所以在这一点上我特别提醒管理者一定不要跑题，一定要聚焦在确定的目标上，一定要满足领导者的诉求，千万不要南辕北辙。

懂得企业怎么经营

实现企业的经营目标，需要考虑四个步骤。

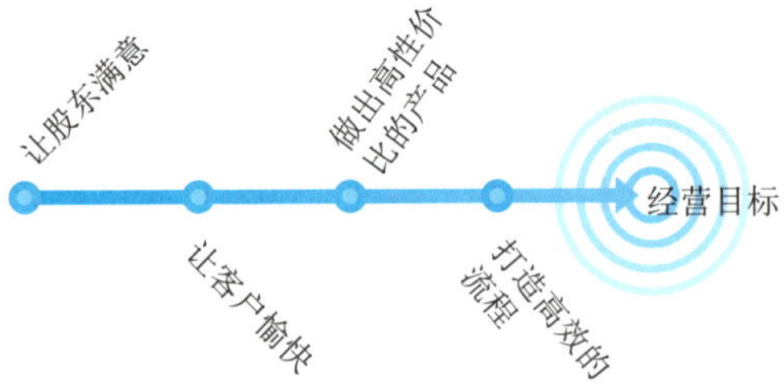

图 3-4 实现企业经营目标的四个步骤

首先，让股东满意。股东怎样才会满意呢？首先是要赚钱，其次是要能持续地赚钱，最好还能赚大钱。这就是我们构建战略成果输出的第一步。

怎么能让股东持续地赚钱呢？密码是什么？就是要让客户愉快。

其次，让客户愉快。客户满意只是成交的基础，你要想从客户那里持续地赚钱，就必须让客户愉快，这就是我们讲的性价比要高。什么叫高性价比？就是客户期望是 1，你能做到 1.5，这样客户就会离不开你。华为在国际化进程中也遇到过类似的情况。2007 年，一个海外项目跟华为提出了一个要求，要求华为在合同当中每年以 7% 的比例降价。当时华为内部很痛苦，也很纠结，担心降了再降，岂不是要白送产品。后来任总拍板，降！

2008年任总提出深淘滩、低作堰，要求通过内部管理的提升，消化掉这种降价的压力。

再次，做出高性价比的产品。

其实回过头来看华为过去10年的历程，这种内部主动的效率提升和成本降低，不仅化解了那个客户要求的每年7%的降价，还使自己成长为了一个营收达7000亿元的伟大企业，其实这就是对内要成本的关键。让客户不断地享受到高性价比的产品，让客户愉快，每年降价，而且产品服务还不错，这样客户怎么离得开你呢？美国再打压客户，客户也不离开华为，原因是什么？就是因为华为好。

那怎么能做出高性价比的产品，让客户愉快呢？

最后，打造高效的流程。

要想让客户愉快，必须有极高的运营效率。运营效率高，我们才有空间给客户降成本；效率高的关键是要有高效的流程。我们经常把企业管理比喻成黑匣子的输入和输出。其实在这个行业里采购的材料大家都差不多，销售的产品又受制于竞争对手，价格也差不多，企业很难形成垄断的暴利。

那么提升利润的空间就只剩下中间这一段，即消耗了多少成本和费用，来为客户提供令他们愉快的产品和服务。内部效率低，就等于消耗了大量的成本，最终会体现在产品的成本价格上，从而被竞争对手超越，甚至因为成本过高而退出市场。这样的案例在通信行业比比皆是。当年小米在手机行业可谓异军突起，其实就主打了高性价比，而它的高性价比里面的一个核心创新，就是解决了过去手机制造行业里一个很大的问题——库存。

因为毛利不高，一旦备货多了，库存会把一个手机企业压垮。小米的互联网营销首次采用预订方式，这个创新一下子就解决了手机行业的库存问题。先预订 100 万台再去生产，而不是说先生产 10 万台，再来看能不能卖得动。卖不动就会变成库存，一年内如果 10 款产品里面有 2 款卖不好，这家公司就完蛋了。小米改变了运营流程，解决了核心的库存管理问题，所以小米是成功的。

怎么去打造高效的流程呢？根本上要依赖一支士气高昂且训练有素的员工队伍。只有有这样一支员工队伍，我们才能服务好客户，打造高效的流程。这里不仅要求士气高昂，还要求训练有素。所谓士气高昂就是要让员工有干劲，有狼性。但是请注意，狼是要吃肉的，不能奋斗了半年没有肉吃，那一定不会士气高昂，所以**分配机制**一定要做好，付出了就要有回报。还有职业化问题。要把活干好，光靠一腔热情是没有用的，所以要重视**职业能力**的打造。当企业有了这样一支士气高昂且训练有素的员工队伍，就可以无往而不胜。

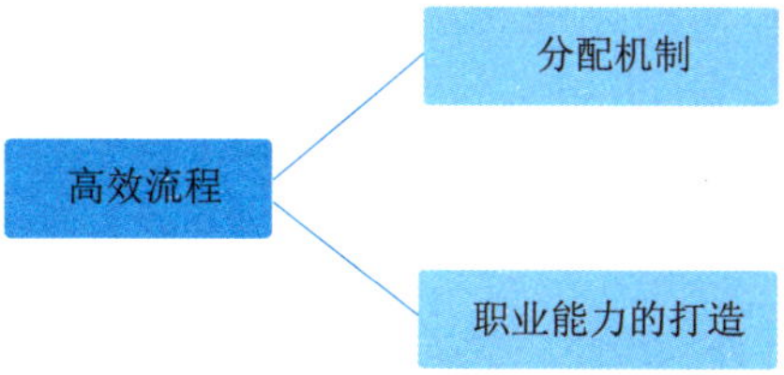

图 3-5　打造高效流程的两个关键点

如果有这样一支队伍，我们就必然能在企业选定的这个行业里聚焦，力出一孔，把事情做好。

接下来，我们来看怎么把实现经营目标的这四个步骤清晰地转化成每年的成长目标。

其实每个管理者都知道，企业的管理提升是一个漫长的过程，不可能一蹴而就，特别是员工的成长，绝对需要三年的成长周期。

因此，企业和企业之间的竞争，比拼的往往不是短期的快速爆发力，而是持久的耐力。这种耐力就是核心竞争力，不停地打造自己的核心竞争力，不断加码，直到有一天实现从量变到质变。华为和中兴其实就是这样一个鲜明的对比。到今天它们已经不是对等的竞争同行了，高下已见，但差距形成的过程长达 20 多年。在这 20 多年的发展过程当中，华为一直聚焦于正确地做事和做正确的事，打造了这样一支狼性团队，其实这是两家公司拉开差距的根本。人才管理周期长，需要耐心，所以才能比拼出一个企业管理的功底。企业间的竞争比的并不是快，而是在正确的道路上小步快跑地推进。知道这一点以后，我们就要围绕前面讲的四个步骤来勾勒我们的目标。

第一，**财务目标**是扩张还是稳健，取决于企业发展的阶段。在成长阶段，企业追求的是收入的成长还是利润的管控，一定要结合企业经营的实际情况。如果在成长阶段已经迎来了市场的爆发期，那就要快速抓住市场成长的机会，而不是按部就班地练内功。

对华为来讲，2008 年 3G 上马，这一年华为销售收入突破了 1000 亿元人民币，最重要的就是中国区“三大战役”的成功。凭借这三大产业战役的成功，华为实现了中国区 100 亿美元的收入，所以站稳了 1000 亿元人民币收入的台阶。我们知道那一年华为在中国电信的招标当中报出了地板价，原因是什么？就是当时华为追求的是市场格局。如果这轮机会抓不住，后面就没你什么事儿了，所以不同时期要对应不同的目标。

第二，**客户目标**。一定要有一个正确的客户规划。有时候企业会偏向于选择一些好拿的客户，比如跟一些小客户做生意，会觉得很爽，但是这种小客户可能做着做着就没了，没办法在市场中不断地走向主流，因此对于客户的牵引就是要从战略级的客户中寻求突破，比如华为设立的 Top50（前 50）客户策略。

2005—2012 年，华为花了 8 年的时间成为全球运营商前 50 强中的第 47 强。前三强是美国的三家运营商，美国人不让你进去。从这个角度来讲，聚焦于核心客户的突破，其实就是带领公司一步一步从国际化走向全球化的巅峰，这也使得华为在通信设备领域成为世界第一。

第三，**内部流程**。华为花了很多精力更多地关注于建设端到端的流程。华为的流程建设是非常强大的，从 IPD 流程到 IC（集成供应链）流程，从集成财务管理体系到人力资源管理变革，再到 LTC 的营销变革等。通过一系列的变革，华为打造出了一个流程性的组织，使得战斗的命令不再从个人发出，而是由流程驱动，整个公司的效率大大提升，做到了 18 万人能够支持 1000 亿美元的销售额，这是非常了不起的。

第四，**学习和成长**，如华为的 IT 建设、干部管理、认知管理、长期发展、人才储备和人才梯队。

以干部管理为例，任总对于干部是非常关注的。要区分干部管理里特殊的人群，比如海外国家或地区分部的总经理这个群体。要围绕这个群体的特点去提高他们的能力，不断推动能力提升，缩短岗位准备时间，快速实现价值的输出。所以在企业发展当中要重点关注几类核心人才，比如干部、市场、研发，这几类核心人才的长期发展就构成了企业发展的动力。

结合以上几种情况，我们说科学目标的构成就要包含这些长期、中期、短期的目标，只有将这些目标统一起来，我们才能做出更大的成绩。

第三节 区别对待不同层级，做到公正地考核

谈到绩效管理，现在很多公司通行的做法就是填个表格打个分。其实针对不同层级的人员，绩效管理的方式也是不一样的。

中基层员工可以通过 PBC 管理，高层则要通过绩效述职的方式。

PBC 是指个人绩效承诺（personal business commitment），是由 IBM 发起的一种以战略和经营目标为基础，层层分解目标和工作的考核方式，本质上是一种围绕业务的考核管理工具。

通过 PBC 对中基层人员进行绩效管理

中基层员工根据他们的工作职责去具体承接一部分战略落地结果。对于这个群体，要引导他们用正确的方法做正确的事，不断追求更好的工作效果。

我们还要订立在其工作范围内适合他们的结果指标。比如，他们对部分目标承担结果，我们的设计原则就要涉及上级下达的目标和重点工作的结合。中基层员工只是对一段工作结果负责，高层是对整个结果

负责。

用这种方式来管理目标，我们需要重点考量三个因素。**第一，阶段性工作目标。第二，关键措施。第三，中基层员工他们的团队合作**。这个层面的员工一定要有合作才能做出很好的成绩，我们要牵引他们共同做出成绩。

对于中基层员工，也就是通常讲的执行层的员工，不要用太复杂的绩效目标进行考量，只要对照他们工作岗位的职责要求来考核就可以了。有一些岗位每天都可以去考量，以便对直接结果进行及时评价、及时激励。

图 3-6　中基层员工绩效管理的三个考量因素

高层人员的绩效管理主要采用述职的方法

述职就是不断地通过和战略目标对标，将公司战略目标分解过程和执行效果进行及时校准，形成考核依据。

通过述职的方式还有一个好处，即可以促进高层领导理清思路，明确责任，抓住重点，综合平衡。

那么如何组织好一场高层绩效述职的活动？

首先，在绩效述职的过程当中，我们要掌握两个要点。

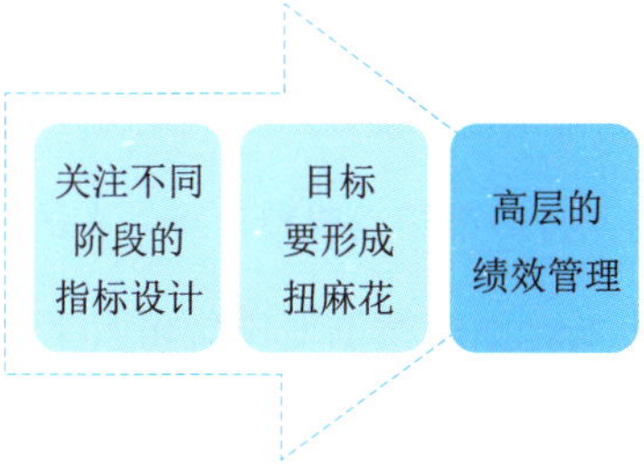

图 3-7 高层绩效述职的两个要点

第一，绩效目标要形成“扭麻花”。

什么叫扭麻花呢？比如，我们想要把销售目标传递下去，销售部门要制定目标，产品技术部门也要有同样的目标，要形成合力去构建目标体系。一个优秀的销售结果不是销售单方面的，它由三个维度构成。第一是销售力，第二是产品力，第三是交付力。一个好的销售结果一定是

“好的产品＋好的客户关系＋好的交付结果”。因此，这三个目标是不是能够协同在一起，是不是能够统一步调，通过述职就可以很好地去检验不同部门之间对于同一目标的执行情况。

华为的“铁三角”组织非常有名，在业界，这种铁三角组织就是产品力、销售力和交付力合力打造的基层作战体系。在后面章节中我们将对其进行详细阐释。

第二，关注不同阶段的目标设计。

市场是不均匀的，有的市场是成熟市场，有的市场是成长市场，还有一种市场叫突破市场。不能简单地说公司明年的整个销售收入增长10%，而是要基于不同市场的发展阶段来制定目标。

对成熟市场的考核目标就是**现金流**，因为这是已经打下的天下，所以要特别关注有没有利润以及现金流，整个公司是要靠这种成熟市场的现金流去存活的。

成长市场更要关注增长速度，也就是收入**增长**，虽然也要关注利润，但更重要的是收入。为什么？因为某个市场从启动到爆发是有一个过程的，它的增长可能是200%甚至300%，我们要让它涨到位。不能因为竞争对手涨了20%，我们涨15%就觉得可以了。市场发展机遇来临的时候，一定要尽可能地把增量市场抓住，只有这样才能占得先机。

突破市场，就是我们还没有进去的市场，对我们来说是一片空白。怎么办？如果按销售额提成，那这个市场大概率是活不成的。这时候要看单点突破、第一个客户的打开，所以考核就一定要聚焦在员工的**单点**上，一旦拿下一个重要山头，就可以直接奖励 10 万元或者 50 万元，牵引员工将一个关键的目标打开、落实。

在述职的时候，一定要基于合力和不同发展阶段，根据情况设定目标。要组织好高层述职，首先要基于这两个维度有针对性地检查目标。

我们要结合 BLM 模型设计的战略过程，实时对标，才能看得到我们制定的战略和实施的策略之间有什么偏差，准确地讲，绩效目标是战略如何落地的关键。

综上所述，不同层级的人员承接了不同的任务要求，我们要用不同的管理方式，设计不同的目标。

绩效管理的原则

开始我们已经讲过，不能简单地把绩效等同于绩效工资，真正的个人绩效管理要着重于三个关键原则。

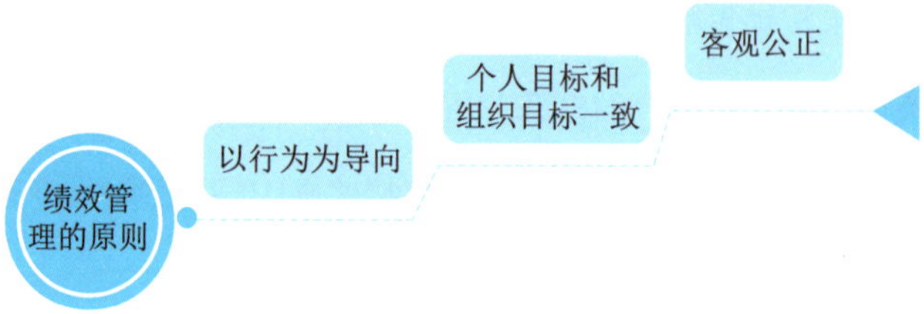

图 3-8　绩效管理的原则

第一个原则，以行为为导向，引导员工以正确的行为做正确的事，不断改进工作。

绩效的目的不是上来就发一两千元的绩效奖金，而是引导员工以正确的行为去做正确的事。所以绩效的目标要有承接性，这是非常重要的。经常有人讲，公司的战略缺乏有效的落地工具，其实绩效管理就是战略落地的一个有力工具和非常好的抓手。绩效管理做好了，就能帮助企业战略落地。

第二个原则，个人目标和组织目标一致。

不能为了考核而考核。每个部门不能为了自己的一亩三分地而做考核，一定要有全公司一盘棋的考虑。举个例子，财务部门想把自己的指标做好，对于应付款经常会想办法拖一拖，对于应收款就急着催收，这样操作的结果虽然对财务指标很好，但是对公司来说就不一定了。我们在采购上跟供应商明确了付款时间，这种信誉对于企业来说是至关重要的，到了约定时间我们就要付人家钱，这体现了一个企业的信任度和协同性，而不能简单地说站在财务的角度要考核资金，就把该付的款拖一拖，这其实就是局部优化而整体落后。所以在绩效目标的设计上，一定是整体的、完整的，而不是局部的。

第三个原则，客观公正。

考核结果要以客观事实和数据为依据，考核的过程要透明、公开，千万不能搞模棱两可的打分制。我非常反对 360 度测评，在华为没有这种测评机制。大家都说好的那个人一定真的好吗？不一定。真正做事情的人，必然会在做事的过程中与他人产生一些冲突，这种冲突一定会反映到别人对他的评价里来。

绩效管理的目的是什么？不是去考察一个不做事的人的人际关系，

而是要考虑他实实在在的贡献，我们的评价一定要以事实为依据，以目标数据为考量标准，而不能考察人情分。

这方面特别要关注，做干部其实就是要找一种正确的导向。

要做好绩效管理，一定要知道它的本质。只有抓住本质，我们才能管好这个战略落地的工具，用好这个工具才能帮助我们走向成功。

华为灰度管理实践思维导图

- **华为团队建设的三条核心理念**
  - 高绩效企业文化
  - 导向冲锋，用灵活的人才机制促进业务成功
  - 以奋斗者为本，使奋斗者得到合理的回报
- **华为如何分好钱**
  - 从四方面全方位设计←全面回报
    - 薪资
    - 福利
    - 学习发展
    - 工作环境
  - 三个要求←薪酬福利设计
    - 四个"有利于"原则←与企业发展战略相匹配
      - 是否有利于导向海外
      - 是否有利于导向冲锋
      - 是否有利于导向高绩效
      - 是否有利于激发组织的活力
    - 五个方面←考虑内外部环境的复杂性
      - 内部公平性
      - 外部竞争性
      - 企业支付能力
      - 是否有打破过去薪酬架构内部平衡的决心
      - 是否能适应不同国家或地区的收入水平、生活条件和社会环境等复杂因素
    - 三个重点←明确激励的目的
      - 保证组织的均衡发展
      - 避免短期行为
      - 防止高工资、高福利对企业的危害
  - 四种方式←弹性的薪酬包管控机制
    - 薪酬总包收入锁定
    - 薪酬总包利润锁定
    - 价值分配的方式
    - 年薪锁定
  - 奖金管理要打破平衡、拉开差距
    - 两个原则
      - 向高绩效者倾斜
      - 打破三种平衡
    - 六个奖金包设计阶段
      - 签订订货合同
      - 形成收入
      - 贡献毛利
      - 贡献利润
      - 市场布局
      - 奖金包扣减
  - 五个步骤←落实饱和配股机制
    - 强化基于贡献的报酬理念
    - 着眼于长期的激励效果
    - 建立相对平衡的内部分配体系
    - 不搞普惠制
    - 向在一线长期坚持奋斗的员工倾斜
  - 打造员工福利保障体系
    - 三种保障
      - 社会保险
      - 商业保险
      - 附加保障
    - 四种补贴
      - 外派补助
      - 伙食补助
      - 艰苦补贴
      - 出差补助
  - 在销售管理的四步中分配奖金←不用提成制管理销售队伍
    - 认识客户，建立关系
    - 加快客户关系的转化
    - 让产品为客户所用
    - 将客户加入招标名单
- **华为人力资源B计划**
  - 华为全球能力中心建设
- **华为的用人之法**
  - 六条用人标准
    - 全力以赴的奋斗激情
    - 客户为先的服务意识
    - 至诚至信的优秀品格
    - 积极进取的开放心态
    - 携手共进的合作精神
    - 扎实的专业知识与技能
  - 五项识人素质
    - 主动性
    - 概念思维
    - 影响力
    - 成就导向
    - 坚韧性
- **华为的绩效管理三原则**
  - 科学的目标
    - 明确企业使命
    - 理解经营密码
      - 让股东满意
      - 让客户愉快
      - 做出高性价比产品
      - 打造高效流程
  - 公正的过程
    - 考核
      - 中基层员工→PBC管理
      - 高层员工→述职
    - 执行：做好PDCA
  - 刚性的应用
    - 三层闭环管理+建议否决权
    - 绩效公开制度
- **华为的高效组织架构**
  - 搭建面向客户的流程性组织（倒装式）
  - 构建铁三角组织（产品、客户、交付）
  - 建立组织竞争优势（向美军学习）
- **华为如何管理干部**
  - 评价干部 依据四条标准
    - 品德——底线
    - 核心价值观——基础
    - 绩效——必要条件+分水岭
    - 能力——关键成功要素
  - 培养干部 抓好干部四力
    - 决断力
    - 理解力
    - 执行力
    - 人际连接力
  - 配置干部 关注四个方面
    - 实行狠狈原则→攻守结合
    - 让中层干部有危机感
    - 让高层干部有使命感
    - 明确值得优先选拔的干部类型
  - 选拔干部 做好三权分立
    - 业务部门有干部提名权
    - 人力资源部门有干部评议权
    - 党委有干部建议否决权
  - 一把手干部 有三点责任
    - 布阵→组织建设
    - 点兵→干部新陈代谢
    - 陪客户吃饭→抓住客户需求
  - 后备干部 观察三个特点
    - 角色认知→充分理解岗位
    - 干部学习→对各种管理案例进行深度研讨
    - 轮岗→在实战中锻炼工作能力
  - 防止腐败 坚持三个原则
    - 提高腐败成本
    - 规避腐败：结合好竞争与竞合关系
    - 做好监督机制

第四节　做好PDCA循环，做到公正地执行

我们都知道绩效管理有个PDCA循环，P（Plan）就是制定绩效目标；D（Do）是绩效过程的管理，也就是绩效辅导；C（Check）是绩效评价；A（Act）是绩效的反馈；最后还有一个是绩效结果的汇报。

从这样一个绩效闭环来看，只有从目标到反馈过程的全面执行，才能实现绩效承接战略的目标。

在PDCA循环的这四个环节当中，管理者是怎么分配时间的呢？根据我的经验，很多管理者会把时间放在绩效评价上，因为他们认为绩效目标只要制定完毕，员工就会去做，剩下来就是照单收获。其实并不是这样的。

在PDCA循环中，正确的时间分配是，**30%的时间花在绩效目标上**。**50%的时间拿来做绩效辅导**。在绩效管理中，并不是给员工定了一个目标，就让他们随便去做。定绩效目标，是要帮助员工达到目标，所以要花一半的时间去做绩效辅导。

怎么做绩效辅导呢？对于管理者来讲，绩效辅导就是把自己的成功

经验和下属分享。最常用的方法是开例会。

比如周例会上，每个下属汇报自己的工作进展、目标完成情况和绩效分析。领导和同事参与进来，可以集体给出评价，哪些方面做得好，为什么做得好。散会后，员工就可以根据会议内容对自己的工作进行及时调整。

也可以通过一对一的辅导方式。领导如果发现员工绩效方面存在个性问题，可以选择在独立办公室或者会议室里，对员工进行一对一的辅导，帮助他找到原因，分析对策，并指导他制定改进方案，督促其完成。

如果在这个过程中我们对员工遇到的问题视而不见，或者不能很好地给予指导，就很难达到效果，所以管理者要花费 50% 的时间在绩效辅导上。

花费在绩效评价上的时间只占 10%。前面的工作做扎实，评价的过程就顺理成章了，所以绩效评价其实不需要花太多的时间。

最后的 10% 要用在结果反馈上。很多人不愿意做结果反馈，觉得要把一些绩效结果不好直接反馈给员工，磨不开这个面子。其实这种想法是错误的。绩效结果的反馈让整个绩效管理过程形成了一个完整的闭环，我们只有让对方看清楚他的不足，才能让他在下一次的循环当中去改进。为什么我们的教育当中有很多考试？其实考试的目的就是阶段性地检查学生是不是掌握了应学的知识。如果不公布考试结果，又怎么知道学生学得好不好呢？同样的道理，给员工设定绩效目标，最后的结果一定要清晰地让他知道，让被考核者知道。

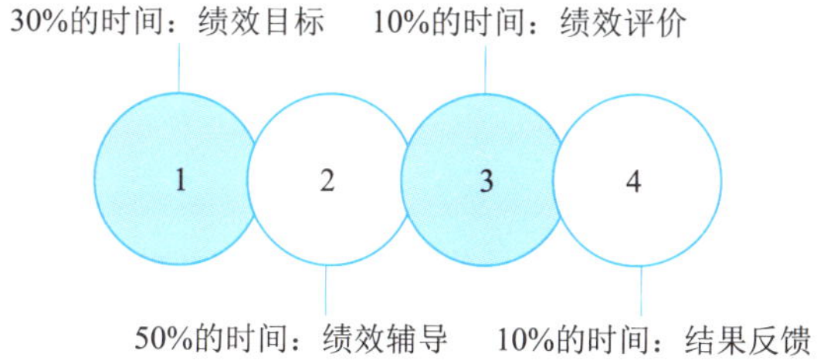

图 3-9 PDCA 循环中的时间分配

我们来看看华为是怎么来做绩效反馈的。

华为的绩效反馈就是绩效等级的评定，一共分为 A、B+、B、C、D 五个等级。

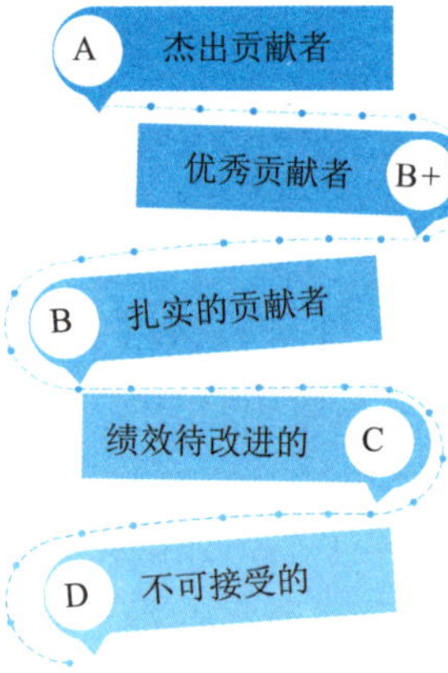

图 3-10　绩效等级评定

其中，**A 代表杰出贡献者。**什么是杰出贡献者呢？就是要明显超出组织期望，在各方面均超越所属岗位的职责要求和期望。一个人的绩效明显高于其他人，是这个员工的绩效标杆。拿 A 是不容易的，不是简单地相对排名排在前 10% 就行，还要有个绝对值。这个绝对值要求员工一定要全面超越组织期望，也就是全面超越个人绩效目标，才有可能拿到 A。因此 A 是两次加成的，一是相对排名要排到前 10%，二是从绝对值上你还要全部完成目标并且全面实现超越，只有这样才有资格评为 A。所以在华为，A 的标准其实很难达到。

B+代表优秀贡献者。衡量标准是经常超出组织的期望。对B+员工的要求底线也是要能够超出设定的绩效目标。

B代表扎实的贡献者。衡量标准要达到组织期望，同时部分超出组织期望，也就是一定要达到设定的绩效目标。

C代表较低贡献者和绩效待改进者，即达不到组织的期望。

D代表不可接受者，这类人绩效太差无法接受，被要求提升绩效。给予一定时间改进绩效之后，如果还达不到要求，就要纳入处理范围了。

一轮PDCA流程结束后，员工被划分成不同的绩效等级，下一步怎么做呢？一定要回到管理上去。

这个很有意思。我问过很多管理者：你们觉得公司应该关注哪类人群？很多人认为要关注中间这部分人；还有人告诉我，要关注后面这一部分人；**只有不多的管理者给了我正确的答案，就是关注两端，即关注最优秀的人和最差的人。这就是管理的“二八法则”，即用最小的成本抓住主要矛盾，这也是管理者要解决的问题。**

绩效评价不是为了好看，而是要真正聚焦在管理原则上。一个员工绩效评分是101分，另一个是103分，凭什么得103分就被评为A，而得 101 分就只能拿 B+？很多管理者认为强制区分没有意义。其实通过强制区分这种手段，是要在人和人之间形成错位，拉开差距。从人性角度讲，我们知道人就是要被区分的，因为要被区分，所以大家就会努力做到更好，就会竞争，这是一种手段。

得 103 分的人绩效评定为 A，得 101 分或 95 分的人绩效评定为 B+，因为 A 的比例很低，所以即使同样超过 100 分，得 101 分的人也拿不到 A。这就激励后者要更加努力地超越前者，才能胜出。这种比例划分引导大家朝 A 的方向去努力，这样整个团队绩效才能提升。

另外，我们必须要关注那些在组织当中绩效最差的人，并给予他们适当的帮助，让他们有危机感——要么快速提升，要么面临淘汰。只有这样做，我们才能够促使那些垫底的人努力前进。对于实在提不上来的人，就要果断淘汰，保证组织绩效整体向上。

绩效等级分类的原则要充分体现出二八法则。对于这五个等级，华为要求起码要达到组织的目标。所以我们看到的结果是什么？哪怕某些员工相对排名在前面，但只要目标没完成好，就很难有好的绩效评分。这就是为什么华为连续 30 多年能够实现每年 20%～30% 的复合增长率。公司的目标达成一定是在每个员工目标达成的基础上才可以实现的。用绩效等级评定的方式引导大部分员工去实现甚至超越自己的目标，最终的结果就是公司也达成了目标。所以这个考核一定是严肃的。当我们把考核目标定得很高，为这个目标一起努力的时候，其实就把大家的积极性调动了起来，让员工为了拿到好的绩效而努力。

第五节　贯彻建议否决权和绩效结果公开制，实现刚性应用

绩效管理的评价内容我们已经明确了，那么，应该设立什么环节来确保公正的结果呢？华为的绩效管理中有一个叫作“三层闭环管理”的原则。

基层员工绩效评价的 PBC 管理过程首先是员工自评。因为对于绩效目标，管理者和员工已经达成共识，所以员工自我评价的过程就是一个自我检视的过程。之后由他们的直接主管对评价结果打分，主管会收集周边的意见，和员工在考核前沟通。

周边的意见不是 360 度测评，而是周边对于绩效数据结果的论证。直接主管评价完之后就会提交给再上一级的管理团队，即隔级领导，他们会进行集体评议。这个层面更关注两点。第一，控制比例分布。如果公司绩效标准分为 A、B+、B、C、D 五个等级，那么绩效为 A 的人占总人数 10%，绩效为 B+ 的人占 40%，每个绩效等级的人数都有一定的比例要求。这种分配的结果会有人检查。

还要审视绩效特别高和特别低的特殊人群。面对拿 A 的员工，隔级领导要检查他是不是真的达到 A 的标准了，有哪些事实支撑他做到 A。而得了 D 的员工是不是真的做得很差，还是管理者给他穿小鞋了。简言之，隔级评估就是要保证员工不被冤枉，也不被美化。

再上一级的行政管理团队（Administrative Team，以下简称 AT），通过审视整个团队的整体绩效来给出评分。为什么会有这一层机制？因为不同团队之间的绩效结果是不一样的。有的团队非常顺利地完成了目标，而有的团队没有完成目标，这该怎么评价呢？

优秀的团队得 A 的人数比例就应该高，从 10% 可以涨到 15%，做得差一点的团队得 A 的比例可能要从 10% 降到 5%，甚至没有，所以更高级别的 AT 要在更大范围内保障不同团队的绩效结果评价的公平。员工本人及其直接主管、隔级领导和再上一级 AT 所构成的绩效三级评价体系，叫作纵向评价，其实就是把战略目标层层分解下来，又层层评价回去的评价过程。

还有一种评价体系叫作横向评价，也就是流程性的评价。

在每一层级，除了上一级领导的评价以外，还有一个流程，那就是**流程主管行使建议否决权**。这个建议否决权是什么呢？就是说，你的组织目标完成得很好，但损害了别人的目标，那么流程主管就会否决你的绩效评级。

举个例子，财务部门要对现金充沛与否负责，该付的不付，现金指标很好看，在整个财务体系上一层一层反馈上去，大家都认为很好。但是采购体系就要行使建议否决权，因为财务部门该付的款不付，破坏了采购部门和供应商的信誉，所以要求财务部门降级。

这就是横向行使否决权的机制。只有这样才能横向拉通，确保每一项管理的目标都指向公司整体利益，而不是局部利益。上文讲过目标一致性，这就要有机制来保证。这是华为管理的特色。每当提出一个管理原则，一定要有一系列的管理措施作为保障，帮助落地，也要确保这些措施得到检查，从而使每一层级的制度策略能够深耕和落地。

科学的目标管理有三个原则，第三个就是刚性的应用。人们都说华为的人力资源权力很大，其实不是人力资源权力大，而是规则的力量大。举个例子，华为把员工的考核结果和他们的职位晋升、薪资调整，用一张表格清晰地罗列了出来。

如果你的考核结果是 A，那么你的工资调整、奖金和配股都会被优先考虑，获得的激励力度是最大的。如果你的考核结果是 B+ 或 B，那么你有机会加薪、拿奖金，但是在配股上就要根据公司的额度排队，能拿到多少不一定。如果考核结果是C或D，那涨薪没有你的份儿，奖金和配股也都没有。

通过这种一目了然的二维关系，我们就知道考核结果和加薪、奖金、配股的标准是清晰对应的。员工想要多拿钱，就必须把自己的绩效搞好。如果主管给一个下属打了C，又认为这个人做得还不错，要给他发奖金，这个时候人力资源不需要跟主管商量，可以直接把这个人从发奖金的名单中删掉。为什么？因为制度规定，绩效为C就不能拿奖金。如果有人来理论，人力资源就可以告诉他，必须调整绩效，这就是规则，人力资源管理者也要遵守这样一个规则。这样就形成了一个正向机制，员工和管理者能更好地开展管理。

2010年，华为第一次试行“绩效结果为C，则奖金为零”的管理规则，之前一直是绩效结果为D则奖金为零。当时很多基层管理者反馈，这造成了很大的矛盾，但是公司坚持倒逼改革，绩效结果为C或D的员工，奖金一定是零，而且C和D一定要有比例规定。当时很多管理者在这个问题上经历了考验，也很矛盾，因为华为的奖金是收入中占比很大的一部分。这个新规则导致管理者在之后的绩效考核中更加慎重地评分。

绩效评分一定要有实际工作结果支撑，所以目标要设计得更合理，过程要更公正，这样绩效评分才能够理直气壮，才能够说服别人。

这一变化带来的直接结果之一，就是反向促进绩效目标设定变得更加合理。绩效评级的结果不仅会影响薪资，也会影响职位的晋升。绩效为 A 的人在干部任命、岗位匹配、任职资格方面都是优先的，B 和 B+ 是有机会，C 和 D 则是没有机会。也就是说，如果你的绩效是 A，那么晋升、加薪各个方面都有你的份儿，但如果是 C 或 D，对不起，一切好事都跟你没有关系。华为的绩效是动真格的，这就是华为团队管理核心理念中的第一条——高绩效企业文化。这种文化是通过制度来保障的。

你可能会质疑这个绩效评价过程的绝对公平性。所以，华为在 2010 年又推出了另外一个制度，叫作**绩效结果公开制度**。绩效结果公开制度对管理者而言又是一个陡然的压力。原来是领导与员工一对一的沟通，绩效评定结果一旦公开，就意味着认为绩效评价不合理的员工有可能向公司投诉，管理者的盖子就捂不住了，评价不公正就会被揭开。

这样的改革把绩效目标设定和绩效评估的过程变得更加严格。这就是为什么刚性的应用可以优化整个绩效管理的过程，同时形成正向的绩效发展导向。华为的绩效管理在这一点上做得非常棒。

核心工具箱

华为的绩效管理三原则

①科学的目标管理体系

明确企业使命

理解经营密码

让股东满意

让客户愉快

做出高性价比产品

打造高效流程

②公正的考核

中基层员工→ PBC 管理

高层员工→述职

执行：做好 PDCA 循环

③刚性的应用

三层闭环管理

建议否决权

绩效结果公开制度

第四章

灰度高效组织体系

明确了绩效目标后，如何构建强大的团队来支撑目标的实现，就是我们研究的课题。华为在组织管理上，选择了向世界上效率最高的组织——美国军队学习，这也是任正非学习美国先进制度的一贯体现。美国军队共230万人，组织效率却非常高，堪称组织学习的楷模。无论是让听得见炮火的人指挥战斗，还是班长决定战争，处处体现了灰度管理的思想，既要抓组织与高层干部的决策，又要建设基层作战单元的价值，缺乏强大的基层，高层无论多么优秀，最终也一事无成！

第一节　离客户最近的人指挥战斗

很多企业组织是金字塔结构，一线员工发现了客户的需求或者机会要层层汇报，最后由总经理拍板，拍板后的决定又层层下传，到一线落地执行。这样的流程往往会耗费大量的公司资源，而且每一层在上报过程中都会夹杂一些自己的意见，最终决策人会因为对信息的真实性与准确性产生怀疑而难以判断。

这就是决策的困境。华为是怎么突破的呢？华为通过 20 多年的管理变革，塑造成了**流程性组织**。流程性组织最大的特点是决策指令并不来自最高层，而是来自离客户最近的人，这就是以客户为中心的导向驱动。任何一个决策的发出不是来自领导，而是来自业务需求，也就是**流程的输入**。前线听得见炮火，知道客户需求的这些人能够及时做出决定，从而有效调动后方庞大的资源线上的人，为共同的目标奋斗。

流程是依靠组织来保障的

2010 年，华为面向客户的组织结构设计体系的变革，是一次深远的变革。谁都知道以客户为中心，但是往往负责照顾客户的人级别都不高，甚至只是最基层的业务员。他们人微言轻，有时候没有办法把重要的客户需求及时反馈上来，所以怎么能做得好呢？

华为的变革就是把原来 CEO 作为顶端，层层往下设计的结构变成了客户在最上面，依照离客户的远近和相互协作关系，重新构建组织架构（见图 4–1）。

系统部直接服务客户，地区部作为重装旅（借用军队组织名称）支持区域内的各代表处和系统部，片区联席会议（华为特色组织，包括华为全球解决方案销售部、全球客户群及区域业务部、全球技术服务部等组织）在全球范围内协同资源的调配。

重装旅就是资源的区域调配中心，因为优秀的产品解决方案专家不多，不可能全部配到系统部和代表处去，因此需要在地区部层面形成统筹，就近服务地区部所属的 5 ~ 10 个国家或地区，实现资源的合理调配。

片区联席会议的价值就在于决定进还是退。将军与元帅的区别就在于，将军要一往无前地往前冲，元帅懂得以退为进，通盘考虑。片区联席会议就是华为内部充当元帅的组织。

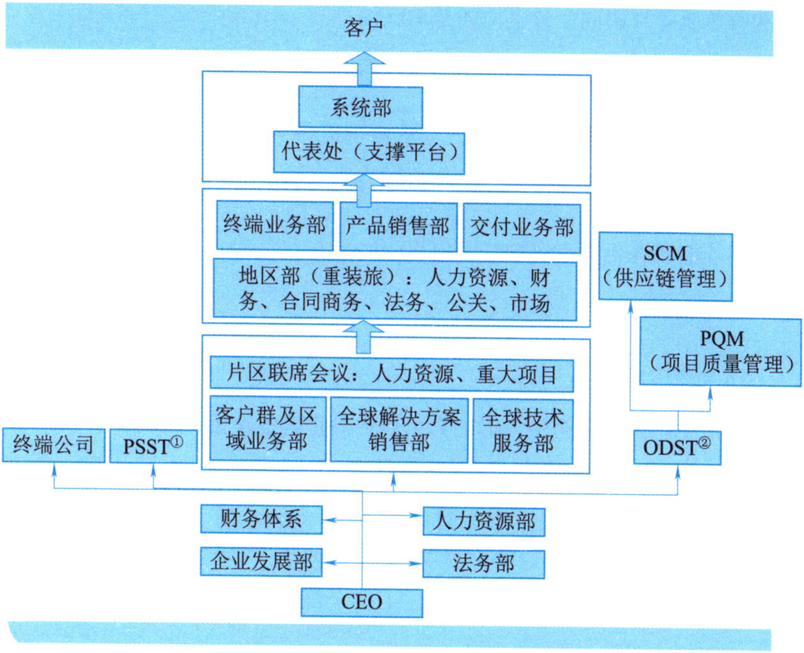

图 4-1 华为倒装式组织架构

在机关层面，还有 PSST、ODST、终端公司等，它们构成了公司层

① PSST 为“Products and Solutions Scheme Team”的英文首字母缩写，意为“产品与解决方案体系”。

② ODST 为“Operation and Delivery Scheme Team”的英文首字母缩写，意为“运作与交付体系”。

面的资源统筹与协同，最下面才是 CEO。

这样一种变革，第一次让大家清晰地看到了谁在照顾客户，找到了对客户价值而言最重要的一群人，从而可以做大做强客户界面，提升一线组织的价值。所以华为系统部、代表处一级的岗位职级都比较高，只有这样才能够真正体现出做好客户界面的决心。

配置精兵强将服务客户

听得见炮火，就有强大的能力可以去做正确的决策。

采用倒装式组织架构，就会识别出那些对整体架构没有作用的组织。一定要从服务客户的角度去设计组织，并清楚回答它存在的价值到底是什么。

加强了客户界面组织之后，重点运营商的突破也节节开花，公司管理不再臃肿，决策效率也得到了有效的提升，这就是华为颇具特色的面向客户的组织架构的设计。

从宏观上解决了组织指向的问题之后，就要关注在面向客户层面如何更加有效、高效地开展工作。华为创造性地提出了“铁三角”组织模型。所谓铁三角，就指面向客户的三个角色——客户经理（AR）、解决方案经理（SR）和交付经理（FR），分别为客户关系、产品与解决方案和产品交付负责。

前后端组织只是为了一个共同的目标——赢得客户——而开展工作（如图 4-2 所示）。

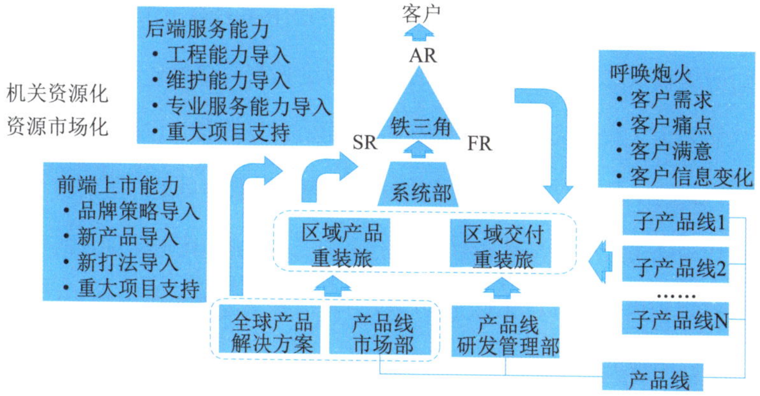

图 4-2 华为面向客户的铁三角组织模型

前端铁三角组织呼唤炮火，调动区域产品重装旅、区域交付重装旅为一线客户需求提供强大的支持。各产品线、产品线研发管理部、产品线市场部、全球产品解决方案等部门为重装旅提供二级支持，实现从前端上市能力到后端服务能力的全面支撑。这套以铁三角、重装旅、机关资源为支撑的三级体系，立体地构建了华为面向客户成功的组织保障。

授权、行权、问责的具体过程管理

比如销售商务价格授权，系统部、代表处、地区部、片区联席会议都有商务价格授权标准，系统部、代表处必须在其授权范围内开展工作。

有了授权之后，只有按照规则去**行权**才会使权力得到有效使用。例如，各代表处为了提升交付的满意度，拼命让公司提前备货，结果就可能会形成巨大的库存。华为 2007 年就加强了地区部、代表处的存货周转考核，倒逼代表处去做决策，通盘考虑备货和销售。关键经营指标该背的要背，在授权规则内，经营单元有充分的权力做出日常经营决策，只有这样才能有很好的结果。

只有授权和行权还不行，一定要有**问责**机制。公司的内控和审计部门要对这种授权进行定期和不定期的检查，确认是不是在授权范围内开展的工作。监察体系的存在，确保了权力不会被乱用，授权才能得到彻底执行。

第二节 构建铁三角组织，打造面向客户竞争的利刃

为什么要构建铁三角

任正非曾这样说，铁三角，并不是一个三权分立的制约体系，而是紧紧抱在一起生死与共，聚焦客户需求的共同作战单元。它们的目的只有一个：满足客户需求，成就客户的理想。[①]

由此可见，构建铁三角组织是为了更好地满足客户需求，体现自身价值，打造面向客户竞争的利刃。

华为第一次提出铁三角是在 2006 年。当时华为在苏丹市场的一次重要投标中遭受了沉重的打击，苏丹代表处痛定思痛，总结出以往在客户服务层面的许多问题。比如，团队内部沟通不畅，信息不共享，导致不同的人跟客户反馈的信息严重不一致；客户关系很不到位；执行产品解决方案不能符合客户要求；等等。但这些其实只是表象，根本原因在于我们的组织与客户的组织不匹配，我们还在按照传统模式运作，客户线不懂

① 资料来源：任总在 2010 年年度市场工作会议上的讲话。

交付，交付线不懂客户，产品线只关注报价，大家只关注各自的一亩三分地。对于客户的需求，更多的是被动响应，以“我”为主，这样岂有不失败的道理！

为解决组织结构的问题，2006年底，苏丹代表处任命饶晓波、王锷、王海清三人组成客户系统部的核心管理团队，分别负责客户关系、交付、产品与解决方案，首次把销售力、交付力、产品力拧成一股绳，面对客户实现接口归一化，做到无论是产品介绍、销售，还是交付，都能实现统一标准，通过协力真正满足客户需求。铁三角的模式在苏丹市场获得了客户的高度认同，随后北非地区部把这种作战方式在各代表处和关键客户群进行了推广，成果明显。成功的铁三角模式迅速在华为内部推广，形成星火燎原之势，广泛应用在公司业务开展的各领域、各环节。铁三角成员在面对客户时，代表的不仅仅是客户关系、产品与解决方案或者交付，更是代表客户诉求和价值成长。

从上面的故事我们看到，构建好的销售结果需要三个要素：第一是好的产品力，第二是销售力，第三是交付力。这三个要素需要三个角色来落地，即产品力对应的是产品经理，销售力对应的是客户经理，交付力对应的是交付经理。为了销售成功，华为从这三个维度打造了一支销售铁军。

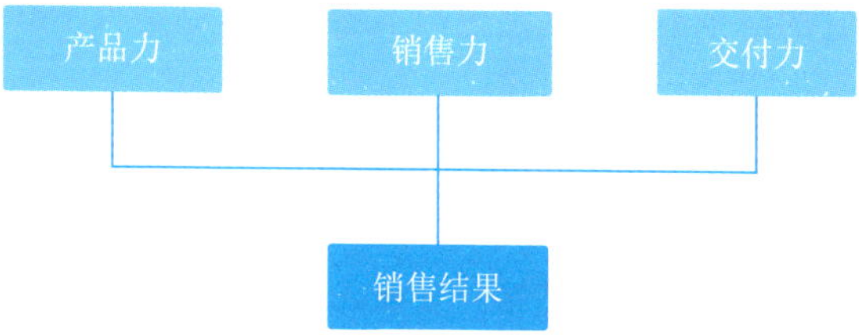

图 4-3　打造销售铁军的三个维度

如何实现这三个角色的设计

以销售结果为导向，就是要赢得客户。在赢得客户的过程中，这三种角色又分别有各自不同的站位。客户经理要维护好普遍的客户关系，要能够识别关键客户的决策链条，找到关键的决策人；产品经理要有构建优秀产品与解决方案的能力，能够站在客户角度，满足客户需求，帮助客户成功；而交付经理就要去思考如何更好地按照给客户的承诺交付到位。

这三种角色在产品的销售过程中聚焦于一点，就会发挥不一样的效力。比如产品力的打造，华为当年进入法国市场的时候，6 个运营商中有 5 个根本就不搭理华为，表示不需要新的中国设备商。找到第六个运营商的时候，运营商跟华为提出，它现在遇到了很多困难，营收规模上不去是因为它的信号不好，基站建得不够，而基站建得不够，又是因为它作为一个小型运营商，没有办法获取更多的站点资源。

带着客户这样的需求，华为的产品解决方案部门迅速推动，形成了新的产品设计，就是分布式基站。分布式基站解决了客户站点获取的难题。国外土地大多是私有制，要占用私人土地建基站，一定要一家一家去谈，只有实力强的运营商才有办法建立密集的基站，实现网络覆盖。信号好了，才能卖得更多。分布式基站就解决了这个问题。基站可以挂在电线杆上，可以挂在房屋外面，一下子解决了站点获取的困难，使得运营商能够快速完成基站的建设并改善信号，用户也因此大量增长。短短几年时间，这家运营商就进入了该行业前三甲，推进了华为在整个欧洲市场的渗透速度。这是通过产品力去打开客户缺口的成功案例。

铁三角的组织该如何构建

这里面有个很大的难题，就是怎么把人配置起来。优秀的客户经理很难找，而华为能够在 170 多个国家或地区拓展业务，其实也得益于大量优秀的客户经理。**华为为了解决人才分配难题，设计了一个很有规划**

性和长远性的机制，叫作指令性调配。

指令性调配指的是不同岗位之间的人才输送，比如，华为的客户经理大部分是从产品经理岗位输送而来，这两个岗位最相近，把优秀的产品经理输送为客户经理，难度最小。而产品经理一定要有技术背景，那么就做另外一条关键的人才链，研发体系每年要输送大量的研发工程师到市场线来。研发体系就是要发挥人才储蓄池的作用，尽可能多招人才，经过培养以后，将合适的人才输送到产品与解决方案部门。产品与解决方案部门中优秀的人才又可以输送到客户经理岗位，从而形成一个正向发展的人才链条。

还有一端是交付力。成功的交付从对客户正确的承诺开始，要避免客户经理承诺了一个月内交货，而实际上公司根本没有能力实现的情况。如果出现这样的情况，一方面客户经理会面临经济上的处罚，另一方面会失信于客户。

在前端设立交付代表的角色，由区域供应链或者全球技术服务部的交付经理承担，更好地贴近一线，从前端的市场竞争开始，就能够全面统筹供应链交付能力，这也是保证交付的关键。前端的区域供应链、技术服务经理，由机关部门负责招聘、培训和派遣补充，由此形成另外一条强大的人才供应链体系。

这样一个有序的人才供应链的主链条，从产品经理到客户经理，确保了华为在铁三角组织中能够源源不断地获得最难获取的客户经理人才。

铁三角组织是华为构建有特色的销售铁军的根本，是基层的战斗组织，而这个战斗组织发挥出来的是一个组织的合力。这种组织合力的难点在于持续构建优秀的人才。通过一系列的改变，华为实现了良性循环，那就是在人才供应链上加强指令性分配，在做强做大客户界面上有三个角色的配置，这三个角色各自的职能又非常清晰，相互协同，可以发挥一线呼唤炮火的作用，实现面向客户界面的做厚作用，因此华为铁三角组织的打造获得了很大的成功。

从华为铁三角组织的打造，我们可以推断，很多 B2B（企业对企业）企业在成长过程中遇到的很多问题，根本原因在于营销队伍弱，营销能力弱。如果在这个组织里加强营销能力，加强营销队伍，其实也可以像华为一样，在自己的领域内做出特色来。在这个过程中要纠正一个认识，即怎样形成组织合力。产品力和销售力的组合其实是一个难题，很多产品体系的领导不太关心销售结果，认为销售结果只是销售的事情，跟产品没有关系，而其实构建一个强大的产品力才是真正推动产品前进的核心。

研发部门愿意输送人才到产品解决方案部门，而产品解决方案部门又愿意把人才输送到客户经理岗位，从而打通人才链条。但是在这个过程中，很多企业又会面临一个问题，研发部门根据自己的素质模型所选拔的研发技术性人才没有办法向市场输送，因为他们在沟通思路等方面达不到市场的要求。根据我的经验，有一部分原因是没有强制要求，另外一部分原因其实是有些干部特意让自己的人才跟市场岗位模型不匹配，这样自己就不用去背这种输出性的任务。华为长期坚持的铁三角组织以及指令性调配的机制，确保了铁三角牢牢地占领着前方。华为的销售铁军构建起了自己的特色，这就是华为铁三角组织的强大力量。

第三节　向美军学习，建立组织竞争的优势

组织变革的目的就是要建立一个高效率的组织体系。世界上什么样的组织效率最高？军队！在所有军队中，哪支效率最高？美军。所以华为这么多年来在组织结构上一直在向美军学习。

美军从 2000 年开始，启动了历史上时间跨度最长、为期 12 年的军改。军改让美军以 200 多万人的总量，承担了全球最大的国土防御和世界维和任务，堪称组织效率的楷模。美国军方高层认为，武器装备的优秀性能和作战理论的创新，最终要通过编制才能体现在战斗力上，所以只有通过编制的集成和整合，美国军队最新的作战体系和作战效率才能够发挥出来。进入 21 世纪后，美军上至最高统帅机关，下到战术单位，开展了一场轰轰烈烈的改革。

第一个层面：精兵简政，提升效率

具体来讲，美国国防部彻底裁减了有重复功能或偏离其原本职能的组织和与军事无关的组织，聚焦于核心主业，2012 年前裁撤了 50 名将军

和 150 名高级文员。做组织变革最难的就是调整岗位上的人。如果上面的“婆婆”不动，下面的“媳妇”是动不了的，因此组织架构改革一定是从上面开始。上面的“婆婆”越少，整个组织的效率才能越高。同时一定要动真格，要把总部机关里偏离作战的部门撤掉，要把相应的高级职位撤掉。指挥的人少了，真正的效率才能提升上来。

第二个层面：高层指挥机构，即联合作战司令部

联合作战司令部的变革原则是裁减并行、促进联合。联合作战司令部的设立非常有意思，从设立的那一天起，它的使命就是被撤销。这就是流程型组织打造的一个关键。在从金字塔式的指挥体系向流程型组织过渡的过程中，需要有强有力的组织来保证和落地，所以成立了联合作战司令部，而这个联合作战司令部的使命就是最终通过联合成为一种文化，通过流程去驱动，最后来革掉自己的命。

在组织保障上，每个战区都组建了一个三军力量混编的常设联合特遣司令部，配备共同标准的作战程序、战术系统和技术系统。这个组织从一开始就是为了消灭自己而设立的。配备共同的作战程序、战术体系和技术体系，就是为了摆脱对长官的依赖。通过 10 年的流程化协同作战，

多兵种的联合已经成了一种文化和习惯。于是，联合作战司令部在 2011 年 8 月被正式裁撤。

第三个层面：新型作战力量——网络空间部的重点发展和不吝编制

21 世纪是空间战、信息战的时代。美国组建了网络空军司令部，隶属于战略司令部，负责网络安全和网络战的最高层面的指挥系统。

后来进一步将网络空间列为与陆海空太并列的行动领域，进一步澄清网络战略由守转攻的战略意图，新兴力量要重点发展，不吝编制。

在企业变革的过程中也会遇到这种情况，老的组织架构不动人，新的组织架构需要投入人力去重点发展。但是因为新的组织架构规模小，力量薄弱，大家就很容易拿它开刀，使得该成长的地方没有资源，没有阳光，没有肥料，对公司长期发展有重大战略意义的创新部门，又没有足够的资源去发展，最后枯竭而死。老的转型没有成功，新的业务孵化无法实现，最终拖死了很多企业，这也是我们在管理过程中经常会面对的情况。美军对老业务进行的裁剪，对新业务不吝编制的发展，都体现了集中优势资源重点突破的原则。

第四个层面：传统作战部队，陆军采取了优化结构和灵活编组

美国陆军根据规模小、功能全和部署快的原则，提出了模块化部队的构想。什么是模块化？通常外派部队去作战，一定要设立一个司令部，司令部下辖军、师、团、营，都要整建制地存在才能构成作战体系。但是现代战争和过去不太一样的地方在于现代战争更加灵活，所以美国军队在此基础上开始了它的模块化计划，设立了 Y、X 和行动单位三级编制，来对应原来的集团军、军、师、旅四级编制。在这种建制下，"旅行动单位"是可随意调用的预制件，使用单位 X 在编制规模上虽与师级相当，但与下属单位不再具有固定建制，而是采用任务编组。

比如当年奥巴马总统实行的基地组织斩首行动，击毙本·拉登的作战部队其实就是一个行动单位，不需要成立司令部，这就是最小单位之间的衔接。美国通过 10 年的军改，完成了 6 个战区陆军司令部、3 个军司令部、18 个师司令部的模块化整合，到 2013 年完成了全部转型。美国军队拥有了 76 个模块化部队，战斗力提升了 30%，而随时可以轮换的部队又增加了 50%。

人员减少了，但是机动性增加了一倍，效率实现了非常大的提升。

通过美国10年军改的案例，我们其实可以看到，美军打造的高素质、高机动性、高灵活度作战体系，就是流程化组织打造的真实案例。

美国好莱坞大片也常常将美军这种流程化组织打造搬上荧屏。2012年，在好莱坞影片《洛杉矶之战》中，战争的最后，一个七人班组发现了外敌入侵的母舰，然后他们呼唤炮火，在两分钟之内，美军的导弹远程攻击入侵敌人母舰并将其击毁，这场战役得以胜利。其实它体现的就是美军的作战体系。导弹的发射，不是美国总统驱动的，而是能够发现敌方母舰的人发起的。这套作战体系看起来简单，背后丰富的含义就在于**美军完成了流程化组织的结构改造，驱动战争资源调用的不再是最高指挥官，而是发现敌情的一线人员。**

从美军的成功案例中我们可以看到，华为打造的让听得见炮火的人指挥战斗的组织架构，就是在学习美军的作战体系。通过倒装式组织架构调整，砍掉了高层不必要的组织和职位；通过20多年的流程变革，打造了联合作战的流程化协同机制；通过铁三角基层作战体系和重装旅、机关资源构建，像美国陆军般重新构建了灵活的作战体系。同时，华为还打造了B计划，如麒麟芯片、鸿蒙操作系统等战略级武器，学习美军对于信息战、太空战等战略资源不吝编制的投入。2019年5月，面临美国极限施压的艰难环境，华为奇迹般地渡过了难关。

华为以客户为中心，从客户的需求出发，来驱动公司后端资源指向战略目标的成功，这就是华为通过 20 多年流程变革所打造的流程化的组织体系，这是无价之宝。

向先进者学习，是华为 32 年来成功的法宝。向标杆学习的目的，不是模仿，而是超越。我们努力向第一看齐的时候，就是我们树立自己勇当第一的决心和行动的时刻。不想当将军的士兵不是好士兵，不想当世界第一的企业不是好企业！

第四节 从组织建设看优秀产品的打造

很多管理者和企业家都在探寻华为如何打造出高效、富有战斗力和成绩优秀的战斗型组织，通过前面三节的内容，我想各位读者朋友已经有了答案。

我们简单回顾一下，首先华为通过建立倒装式的组织架构，把客户放在最上面，然后是最贴近客户的代表处，再到地区部、片区联席会议，最后是后台的各职能部门，CEO 被放在了组织架构的最底层。这样设置的好处是真正实现了让听见炮火的人指挥战斗，组织的运作是根据客户的需求，而不是根据高层领导的指派。

华为组织建设的第二个法宝是构建铁三角组织，把产品力、销售力、交付力三者结合，形成一个高效协同的整体，统一面向客户，解决了职能板块难以协同的问题。打通信息，实现高质量统一标准的客户服务和交付，高质量地满足客户价值。

第三个法宝是向美军学习高效运作，建立长效的组织竞争优势，借鉴美军管理上的优秀做法，如精兵简政、成立联合作战司令部、作战单元的结构优化、战略性力量的不吝投入等，综合提升组织的作战能力。通过长时间的运作和优化，打造出华为长效的富有竞争优势的组织力量。

我们通过一个具体案例，向大家展示华为的一系列组织建设举措对企业的发展带来了怎样的实际价值，产生了何种深刻影响。

2019 年 9 月 13 日，苹果公司发布了 2019 年最新苹果手机产品 iPhone 11，紧跟着华为于 9 月 19 日晚在德国慕尼黑正式发布华为 Mate30 系列。这是属于世界顶级手机厂商之间的争锋较量。相较于“老机皇”iPhone 的中规中矩，新上线的华为 Mate30 要亮眼许多。Mate30 不仅在 5G、设计、影像等方面实现了新的突破，更是通过分布式技术，带来了全新的交互体验——多屏协同功能，实现了华为手机和华为笔记本顺畅的协同操作、数据流转和多屏操控。产品一上市，可谓风头无两，成为科技控和手机爱好者的必选新宠，引发了一波激烈的抢购热潮，海内外媒体蜂拥报道 Mate30。

在 2019 年这个对于华为特别艰难的年份，Mate30 取得这样的成绩显得尤为难得。我们知道，2019 年受中美贸易摩擦的影响，华为被推到风口浪尖，以一个公司之力，对抗美国及其盟友的追杀堵截。高科技芯片完全断供，各项尖端技术被全面封锁，连开源的操作系统都不给了，一时间华为成了一座科技孤岛，唯一能依靠的只有自身。在这样艰难的条件下，华为还能推出 Mate30 这样的战略级重器，靠的是什么？这不是多备点零件，多花点时间就能拼起来的组装机，而是有大量自主专利和自研配件的高科技产品，芯片、电池、操作系统、成像技术……华为用自身深厚的科研底蕴把这部手机武装到了牙齿。如此强大的产品力和交付力，其实是华为这么多年来坚持不懈的高战斗力组织建设打造的必然结果。可以说，如果没有华为这样独具特色的组织建设，就没有 Mate30 这样的重器。

我们知道华为 Mate 系列是很多商务人士的选择，对他们来说手机也是重要的办公工具，在手机与电脑之间来回倒腾数据非常麻烦。而 Mate30 的多屏协同功能就极大地方便了手机与电脑的交互，提升了办公效率和用户体验。这项功能的开发，其实要得益于华为以客户为中心的流程型组织和机制。研发初期，通过客户需求分析，华为发现手机计算机化是一个趋势，可以很好地解决移动办公的一些痛点。但是这一需求在做进一步研发分析时，工程师发现，要实现这种异源投屏，需要上百人，工作量非常大，此处还存在海思芯片不支持 Type-C 接口等一系列难题。由于当时项目进度紧张，人力及技术准备得不够充分，这项技术的研发推进难度非常大。又因为是小众需求，如果是由上到下的常规决策方式，很可能这个技术研发会被取消或暂停。但是在华为就不同，基于以客户为中心的价值观及与之配套的流程组织架构，这项研发最终得以开展，实现了 Mate30 手机的极致客户体验。其实华为的许多黑科技都是通过这样的机制实现的。因此，“让听得见炮火的人指挥战斗”绝不是一句口号，而是通过组织架构具体落实到每一个管理动作，最终的结果是客户的需求能够真正进入企业里。通过高效的组织运作去落实客户需求，只有这样才能真正实现让客户满意的产品和交付。

同样，如果没有铁三角的组织打造，研发人员、技术方案解决人员就不可能真正贴近客户，就不能对客户需求形成深刻的理解，最后做出来的产品能否真正满足客户需求，也就难以保证。

如果没有像美军一样的高效能组织，让每个人都发挥出最大的价值，很多需要大投入的研发工作都将难以进行。很多创新型公司项目都很好，但是人效不够，往往没熬到产品做出来，公司就已经被拖垮了。

如果没有对高精尖技术的不吝投入，华为就不可能拥有 700 多位科学家和大量的自主研发专利及科研成果；在遭遇美国打压时，又如何能拿出计划 B。麒麟芯片、鸿蒙系统等都是华为未雨绸缪，在前期经过长时间的战略投入而取得的成果。而支撑华为实现深厚积累的关键，就在于华为特有的组织形态和运作机制。正是这样的组织建设，才赋予了华为超强的产品力和交付力，华为以客户为中心的价值观才得以落到实处。

由此我们可以看到，一个先进高效的组织是企业良好发展的基础，一个企业的优良基因应该体现在具体的组织行为上，体现在组织的流程里，最终通过组织体现在企业的产品和服务上。我们向华为学习组织建设，不仅仅是学华为怎么做，更重要的是学会通过组织的力量撬动公司的发展，学会通过组织的力量满足客户的需求，让客户满意。

核心工具箱

如何发挥战斗力

授权

行权

问责

华为的高效组织架构

搭建面向客户的流程性组织（倒装式）

构建铁三角组织（产品、客户、交付）

建立组织竞争优势（向美军学习）

第五章

灰度选拔

连接组织各个核心节点的是干部。华为一直提倡和呼唤李云龙式的干部，李云龙是敢于亮剑、敢于拼搏、善于取胜的代名词！战争的目的是什么？就是胜利！华为经营的目的是什么？也是胜利！而胜利的保障，就是一支面对困难还敢勇往直前的铁军！李云龙式的干部本身就很矛盾，具备很强的业务能力，但是常常突破规则不守纪律，在前进与完美之间，干部永远不可能十全十美，所以华为的干部管理恰恰体现出了抓主流的灰度，看干部的主流表现，而不是听话、细节的完美。

第一节　华为的干部评价标准

在华为内部，干部管理是任正非一直高度关注的主题。

华为的干部评价标准包括品德价值、核心价值观、绩效和能力四个维度。品德价值是底线，核心价值观是基础，绩效是必要条件和分水岭，能力是关键成功要素。这四句话是华为高层对于干部标准的高度概括。

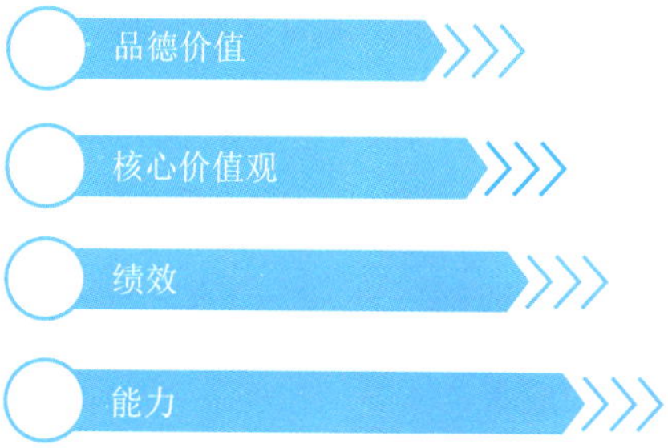

图 5-1　华为干部评价标准

品德价值是底线

如果一个人的品德不好，能力再强都不能用。品德作为底线，绝对不是拔高化的品质。不是说他吃的是草，挤的是奶，这就叫品德好。华为对于品德的理解是在工作、生活中具有负责任的态度和行为，严格遵守社会公德，正直、诚实、自律，其实就是一个对公民的基本要求。让人拿着卖白菜的钱去操卖白粉的心，这是不可能的。做一个社会的正常人，遵守社会公德，就是基本品德。

品德好的第二个标准，是要自觉维护公司的利益，恪守华为员工的行为准则，遵守公司授权规则，在经济上严格自律，防止腐败。所以华为干部的廉洁在业界是有口皆碑的。

干部腐败就像癌细胞，如果不能有效地控制和防范，就会很快侵蚀整个组织，最终毁于一旦。华为防止干部腐败的机制是一套全面系统的体系，不仅仅从内控出发，更是从人性出发。在公司内用机制来杜绝腐败，华为主要坚持几项原则：

第一，提高腐败的成本。

华为在和经济相关的岗位上一般选用老干部。这类干部股票多，发生腐败的风险也高。在华为，拿别人 10 万元，股票会被清零，损失的可能有上千万元，所以这点蝇头小利大家就不赚了。

第二，设立一个有效的机制去规避腐败。

在华为内部，有采购认证部门和使用部门两类组织。采购认证部门要解决的问题是在全球类目下选拔好的供应商来合作。但是每个供应商对华为的服务好不好、给多少订单是由具体使用部门说了算。

想把这两个组织都搞定是很难的。一个负责入围，一个负责下多少订单，这就逼着供应商提供好的服务。而且对华为服务好的供应商，才能拿到最好的市场份额。在这个过程中，华为还有一项独特的供应商奖励原则，对于表现优秀的供应商，华为会给予奖励。目的只有一个，与供应商结成战略合作关系，一荣俱荣，一损俱损。这就是在制度设计当中的竞合关系。

第三，监督机制。

前面有采购和采购执行的部门，后面还有内控和审计部门去监督各个部门是不是按照公司的规则开展采购工作，流程性的审计确保了各级干部必须遵守流程规则。同时，审计部门还会对结果进行审计。这样从过程到结果，就构成了一个完备的监管体系，留给干部犯错误的空间其实就不大了，再加上干部遵守授权规则，所以严格自律就执行得非常好，这也就是华为在反腐上做得好的原因。

核心价值观是基础

核心价值观是华为对过去自己取得成功经验的高度总结，必将指引华为未来的发展，所以各级干部必须认同，只有这样才能确保华为的成功基因可以传承下去。

华为的第一个核心价值观不是以主管为中心开展工作，而是以客户为中心，以为客户创造价值为评价的基础。这是任正非一直在追求的目标和坚持的原则。近年来常听外部不熟悉华为的人说任正非也开始搞网红，又是在上海虹桥机场排队打车，又是在食堂自己端盘吃饭，其实在华为内部的人都知道这是很正常的事情。任总经常自己去食堂吃饭，到现在都是开着自己的车上下班，从来没有动用过公司资源。一切以客户为中心，不是停留在表面上，公司的高管没有专用餐厅，没有配备公车。领导者尚且如此，下面的干部又怎么敢搞特殊呢?

第二个核心价值观就是要保持持续的艰苦奋斗的精神，尤其是在思想上的艰苦奋斗。华为很多干部都已经实现了财富自由，在这种情况下怎么能让他们持续艰苦奋斗，就是摆在华为人面前的一个难题。不奋斗公司就完了，所以这条核心价值观一定要保证，而且是思想上的艰苦奋斗，不是物质上的。

第三个核心价值观是坚持自我批判，要善于听取各种不同意见，保持心态开放。一个好的干部一定要听得进意见，听得进别人的批评，有自我批判精神的人才能走向更大的成功，这是华为核心价值观的一个基础。

绩效是必要条件和分水岭

员工能够被提拔进入干部队伍，必须坚持的标准是绩效成绩好，这是一个必要条件。员工的成长和发展，唯一的目标就是把自己的绩效做好。

在实践中，华为牢固树立了在成功的业务实践中选拔干部的导向。绩效是分水岭，以结果论英雄，这样才能对大家进行公正评价。不搞相马而搞赛马，不断促进干部队伍赛马文化的形成，每个人都以结果论英雄。对于优秀干部，虽然短期绩效一开始可能没做出来，但是从长期来看“不会让雷锋吃亏”，是金子终究会发光的，这就是华为干部选拔的绩效导向。

能力是关键成功要素

绩效只是事后的指标，业务结果好不好，真正关键的是用了什么样的干部去做。用对了干部，这个项目大概率上是会成功的。

这四个维度构成了选拔干部的四个象限。对于那些品德好、认同公司价值观、绩效好、能力又强的人，一定要大胆提拔。

对于有能力但绩效结果不好的人，坚决不能提拔，因为他们能力很强，要做点事情，这时候最容易做的就是表面文章，上台后可能会造成部门的虚假繁荣，做不出好的结果来，坚决不能用这种干部。

但是对于绩效好、能力不强的人，可以多给予他们学习的机会，让他们严格要求自己，不断指导他们，让他们的能力有所提升，并给他们应用的机会。当然，对于这四个维度都不好的干部，就坚决不能使用。

关于干部关键能力，华为有**干部四力：决断力、理解力、执行力和人际连接力**，这块内容将在下一节中做介绍。

第二节　华为干部“四力”

决断力

所谓决断力，就是要求高层干部冒敢于评估的风险，去做决策。敢于决策，且善于决策的人，才能成为高层干部，才能成为接班人。很多企业在干部培养过程中，老板强势，不给干部犯错误的机会，那么管理者怎么能成长？管理者无法成长，反过来会制约企业的接班人计划和企业新业务的拓展，导致企业在新的业务上无人可用，这种情况其实是普遍存在的。

高层干部每天面临复杂的环境，需要具备决断的能力，这种决断的能力背后不只是敢于做决定，而是一定要有科学的方法支撑，来做出正确的决定。除了决策所具备的知识、技能、方法以外，更重要的是领导者有没有能力去做决定和承担决定的结果。

一把手和二把手的根本区别是什么？一把手敢于决策，这个决策一定不是完美的，但一定经过利弊权衡，所以要敢于决策，还要善于决策。对高层干部来讲，不决策、不作为是常犯的问题。培养高层干部的决断力，重点就在于要有让高层干部敢于犯错误的机制，如果高层干部怕犯错误，他就不会做决策。

构建起干部正确做决策的能力，就涉及授权，比如市场投标，地区部总裁拥有的商务决策价格是有底线的，在这个限度以上，地区部总裁就可以审批，超过了这个底线，就一定要拿回机关来决策。在授权范围内，地区部总裁就要全面衡量竞争关系、项目重要程度等，来决定如何拿下项目。公司还有审计稽核机制，对于每个重大决策会有相对应的部门来独立稽核，发现决策违规、超权限决策等现象，会及时通报，提请管理团队予以处罚。这样的机制就确保了既可以大胆给干部授权，权力也不会被滥用。这个里面就涉及流程性的权力的授予，以及在权力的范围内去授权、行权。

另外，还要包容干部犯错误。任总多次讲道，要包容犯错误的干部，不能一棒子打死。为什么？因为如果干部犯错了，大家就认为他一文不值，墙倒众人推，那么就不会再有其他的干部跳出来主动承担重要任务。这也是很多组织在创新过程中所面临的问题。

国内一个非常知名的央企在几年前要招一个电商业务的总经理，负责招聘的 HR 是我的好朋友，他就找我咨询。

他说，我们怎么去选拔这样一个人才，你帮我看看JD（job description，职位描述）。

我看完以后，就跟他说，恭喜你，中国有两个人符合你的需要。

他很开心，说，谁呀？

我说，一个叫马云，一个叫刘强东。

他说，老冉，你忽悠我！

我说，其实不是，你的职位描述是要一个在中国的B to C（公司对消费者）平台上获得过成功的人。那其实寥寥无几，这样一个职位干部的选拔，你是不可能从外部获得直接成功者的，人家直接成功者是不可能给你打工的。那怎么办？如果你在外面选了一个不能够失败的人，或者一个根本就没有经验的人，根本做不起来。

他说，那怎么办？

我说，你应该从你们内部选拔一个这样的干部来挑起这个重任。

他说，怎么选拔呢？

我说，要关注一点，人家在这个岗位上即便做错了，即便将来会走弯路，也不能把人家一棍子打到底，要给人犯错误的机会。

最后他听取了我的意见，从内部选拔了一个总经理。

从这个案例中可以看出，在高层干部选拔上，要想发挥他的决断力，就要有对错误的包容度，要给他犯错误的机会。人才市场非常青睐华为训练出来的高素质人才，到处在挖。反观华为是怎么培养这些干部的呢？很关键的一条是允许他们犯错误！一个组织当中如果不给干部犯错误的机会，这些干部就永远不能成长，当企业需要用人的时候，就会出现无将才甚至无人可用的悲哀情况，对企业来讲就是一种严重打击。所以培养高层干部，一方面要加强他们决策知识的学习，更重要的是要让他们大胆做决策。

理解力

理解力就是要能听懂公司对于战略战术背后的政策布局，并且变成自己的行动。

在华为，理解力一个很重要的动作就是学习任正非的讲话，学习公司的文件。任总也反复强调大家学习什么、理解什么，就是把公司的文件读懂。现在的媒体非常发达，华为心声社区等渠道，会把任总的一些讲话和公司的文件流传到社会上，几乎每一篇文章都是当下热议的焦点。

2010年，任总要求华为人学习讲述李鸿章生平的纪录片《血色黄昏》，看完要写读后感。我们当时深刻地感觉到，在当时的时代背景下，确实要去面对困难解决问题，千万不能沽名钓誉，忍辱负重才是真英雄。通过这种学习，一点一点地就会理解公司为什么鼓励干部要勇于承担责任，要去解决实际问题。2006年，华为人学习《乔家大院》，学习晋商。晋商有个核心精神：财散人聚，财聚人散。这句话背后其实正好体现了华为对于激励分配的深度理解。老板把钱花出去，人才就会来，这是学习晋商的一个深刻感受。

执行力

很多公司都在说要向华为学习，打造强大的执行力。华为执行力的背后不是简单地盲从，而是一套科学的体系。

以业务领先模型为工具，从战略到执行的战略规划体系，是执行力的重要保障。

执行力的培养是一个漫长的过程。

我认为执行力不仅是单纯的一种能力，还是一个执行的体系。这个体系除了要有正确的目标，还要打造一个正确的绩效体系，这样执行才能有章可循。

执行不能简单盲目，而是要遵循一定的规则，这个规则其实就是流程化。流程化的组织结构设计确保了员工知道如何正确地做事，这是执行力的基础。

所以对于执行力，要加强学习，了解公司的流程，了解公司的决策方式。

另外，打造执行力还要看结果。我们一定要从反向的角度去看，要想到如果不这样执行会有什么结果。比如，公司要求员工艰苦奋斗，有个干部说，我就不愿意艰苦奋斗，每天按时来、按时走，晚上要开会就请假。

针对这种情况，华为就提出了干部弹劾。从这个角度也能体现出公司对干部执行力的重视。有了弹劾机制的保障，才能更有力地打造干部的执行力。

人际连接力

在企业管理过程中常会出现一种错误，即为了有效沟通设计了很多部门，比如本来 A 部门和 B 部门通过协同就可以实现战略目标，但 B 部门和 A 部门之间不主动沟通，于是为了解决这个问题，又设立了 C 部门去负责沟通，这样就复杂了，就会出现很多文件打架、文山会海的情况。两个部门基层管理者之间的沟通本来很顺畅，都是同事，坐下来商量一

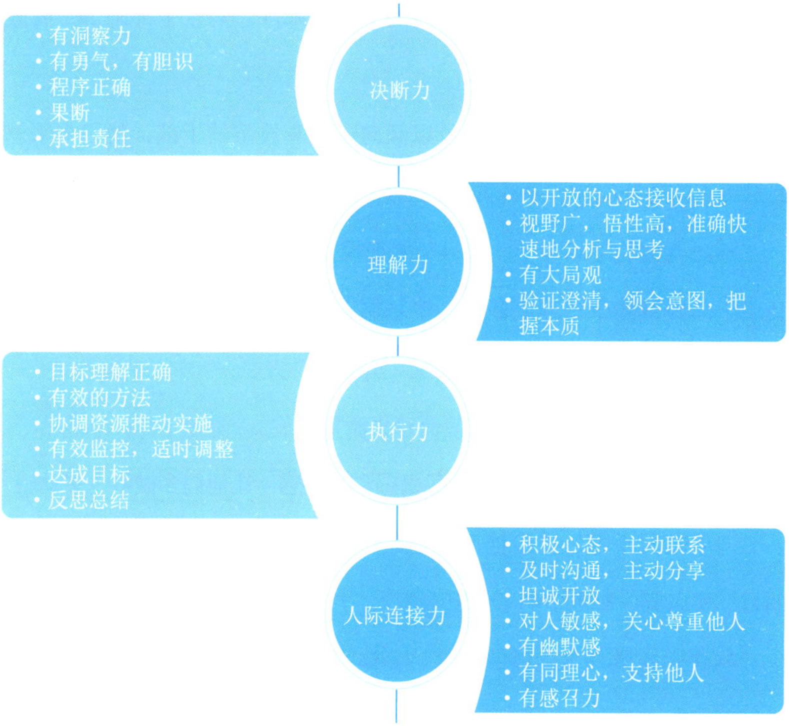

图 5-2　干部“四力”的具体内容

下，其实很多事情就可以解决了，但是C部门设立后不这样做，遇到问题要写工作联络单，要经过分管领导的层层批准，还要经过双方部门领导批准，一个简单的事情就复杂化了。所以在管理上要树立原则，能当面聊的就不打电话，能电话说清楚的就不发邮件。对于干部来讲，要鼓励通过主动沟通来解决问题。

当然，在招人的时候我们可以倾向于找开放型的干部，他们本来就愿意跟人沟通和交流，这样能达到更好的效果。

不同类型的干部对于“四力”的把控，可以从人员层级上分别考量：高层干部要聚焦于培养决断力，中基层干部要加强理解力、执行力和人际连接力。

对高层干部，要更多地用使命感去激发他们。

对中层干部，要加强他们的危机感和紧迫感，让他们多做事、多动脑。

对于基层干部，要给他们构建起一种饥饿感，让他们觉得总有更多的目标要完成，有更多的事情要去做。

构建起这样一个立体的干部培养体系，就使不同类型的干部在不同阶段都能在“四力”上不断地得到锻炼与提升。

第三节　狼狈原则

怎么把合适的人放在合适的位置上，是人力资源管理的一大课题。

什么是狼狈原则

干部有不同的类型。有的干部是攻击型的，适合开疆拓土；有的干部适合精细化运作，但无法承担前方的拓展任务；还有的干部适合在基层领导具体的业务，让他跳出来考虑全局他是做不到的。所以不同的干部类型之间怎样进行组合？

华为在这方面有一个很好的原则——**狼狈原则**。狼就是一把手，具备攻击性，这类干部需要具备狼的特性，有敏锐的嗅觉、强大的行动力和组织力，有快速拿下目标的能力。狈是什么？就是二把手。这类干部要做精细化运作，把狼打下来的粮食守住、运作好。**狼狈原则就是干部配置过程中的一种有效组合**，根据组织不同的发展状态配置不同类型的干部。

当一个部门重新开始挑战输出的时候，就要配置那些具有攻击性的干部，只有这样才能撕开一条缺口。

分享一个华为突破俄罗斯市场的案例。华为从 1999 年开始进入俄罗斯市场，一直到 2005 年，6 年时间颗粒无收，最后在 2005 年突破性地卖出了一根价值 38 美元的光纤，实现了零的突破。这 6 年中，换了 4 任分部总裁，一次一次地坚守，最后才有从 0 到 1 的突破，到后来俄罗斯市场用了不到三年的时间就做到了几亿美元市场收入，充分体现了选对开创型一把手的重要性。

拓展新市场有两个重点。第一，一定要让那种有韧性、有狼性的干部去实现从 0 到 1 的突破，也就是去打开我们所讲的割据市场。

当年华为英国代表处的干部就是精细化运作干部的典范。

英国代表处的干部在精细化运作方面做得非常好，因此当时就被公司提拔回来，负责精细化运作。任正非对这一点也非常推崇，鼓励精细化运作，但是同时强调，各个代表处要根据不同的情况来做。比如，英国代表处已经做得很好了，他们进入成熟市场，要讲究利润，讲究现金流。但是对于从 0 到 1 的突破，像俄罗斯那种情况，则要打开割据市场，而不是基于精细化运作。

尼日利亚是西非最大的国家，也是非常有潜力的一个非洲国家。华为在尼日利亚也是从 0 开始，短短几年实现了 2 亿美元市场收入的突破。

华为从一开始被西方国家的设备商垄断，到能插进一只脚，而后又经过努力，成为非常重要的供应商，在这个过程中，领军人物就是一个进入华为工作不久的 80 后应届毕业生。最后这个干部被提拔为华为全球销售部的总裁，这个提拔过程其实就是，把合适的人放在合适的位置上。华为在干部任用的过程当中是非常高效的，不同的组织状态配置不同的干部。

第二，在早期海外业务拓展过程中，从国内大量调配有经验的干部向海外输送。

这一点也是非常必要的。只有有经验的干部才能突破这种新的攻坚型市场，否则，一群新人很难实现规模的突破。这个过程也确保了大家能够朝这个方向努力，而突破型干部也能有机会不断去寻找突破点，从而获得成长。

所以在干部的任用过程中，我们要努力避免错配。如果把一个开拓型的干部放在守城上，他一定做不好，而把一个擅长精细化运作的干部放在突破上，他也一定做不好。

激活不同层级的干部

中层干部是很危险的一个群体，因为中层承接着上传下达的功能，是很容易懈怠的一个层级。中层干部接受上一级的要求，又有基层干部作为支撑，很容易做成二传手。华为提出**中层干部要有危机感**，采用干部述职、末位淘汰的制度，让每个人坐在这个位置上只能前进，不能退，否则就要被淘汰。

激励高层

高层干部往往干到这个程度，财务自由了，冲劲儿也不足了。整天享受着工作和生活的平衡，怎么去保持旺盛的斗志呢？这时候光靠加薪是不行的，华为的做法是**高层干部要有使命感，具备对世界行业贡献的价值**。比如华为终端 CEO 余承东，他担当的是整个华为手机代言人的角色。任正非在媒体面前从来都很低调，把这些机会留给业务单元的负责人，这就是对一个高层干部使命感的应用。

很多公司经常是媒体的聚光灯打在一把手身上，其实一把手是不需要这么多聚光灯的，他完全可以躲在一边，把这些机会给冲上来的年轻高级经理人，让他们树立自己的行业使命感，让他们认为自己有这样的机会创造奇迹。

明确值得优先选拔的干部类型

第一类是有成功的区域业务实践经验。对于在海外特别是在艰苦地区工作的干部，能够长期坚守做出成绩，就应该有更多的优先选拔的机会，这就是一个以客户为中心、以奋斗者为本的导向。海外业务一线的干部提拔得快，才能促进机关干部都到一线去锻炼，而不是大家想尽办法削尖脑袋，在机关找一亩三分地，这样组织就危险了。

第二类是在影响公司长远发展的关键事件中表现突出的干部。要鼓励干部在关键时候敢于作为，敢于挺身而出。比如在 2008 年汶川地震、2011 年福岛核泄漏、2012 年利比亚撤侨等关键事件当中，华为的干部表现非常良好，能够坚守在当地，维护好自己的客户。

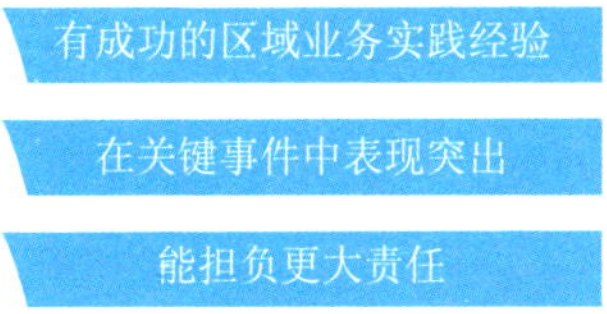

图 5-3 华为干部的选拔类型

第三类是有干劲，服从公司安排，愿意承担挑战性岗位和更大责任的干部。干部要成长是一件好事，要选拔那些愿意服从公司安排的干部，因为对华为这种全球化发展的公司，大家可能都愿意选择发达国家，但是以美国为首的发达国家，业务做不进去。那么非洲就是主力市场，要优先选拔服从公司安排到非洲，立足艰苦地区成长的人。

第四节　三权分立，好干部也要关在权力的笼子里

华为在干部选拔的过程中，既不搞民主推荐，也不搞竞聘，也没有任期，华为的干部管理使用的是三权分立机制。**所谓三权分立，是指业务部门有干部的提名权，人力资源部门有干部的评议权，党委有干部的建议否决权。**

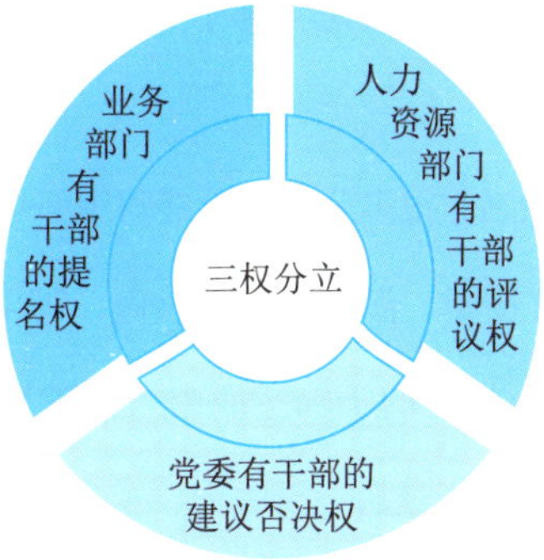

图 5-4　华为干部管理的三权分立机制

对于干部的全面使用，如何避免山头主义？干部如何能做到四海为家？不同的企业有不同的做法。有的搞民主推荐，民主推荐就要看谁的得票数多，所以就容易出现四处拉票的情况。去拼各自有多少支持者，背后就会出现利益共同体的问题，丧失干部使用的客观性、公正性，就难以选拔出真正优秀的干部，所以在华为没有民主推荐。

竞聘是很多企业流行的做法。公司把竞聘的岗位发布出来，欢迎人员来报名，然后通过公开竞聘演讲、评委打分的方式决定是否聘用。好处就在于聘用的职位提前公开，但也存在问题，比如讲得好的人，是不是就一定能把工作做好？现实中有一些人比较内秀，不擅长在公众面前侃侃而谈，那不就没有机会成为干部了？因此华为也没有采用竞聘的方式。

华为也没有搞任期制。很多公司的干部聘用都是有周期的，比如3年、5年。华为的干部没有任期，做得好就持续做，甚至会被提拔，做不好也不会等到任期结束，在年度的干部述职中可能就被免职了。没有任期的干部压力更大，每天就当作最后一天去做，所以一定是竭尽全力。

华为采取的三权分立机制中，业务部门行使的是提名权，因为业务部门主管在日常工作中能够很好地发现干部，甚至可以通过对员工长期的观察，根据谁适合什么职位来提名干部。业务部门的提名也不是业务一把手的提名。华为实行集体领导，在组织架构里有两个集体领导的委员会，一个叫行政管理团队，一个叫行政办公会议。行政管理团队由有丰富管理经验的业务一把手和几个下一级部门的资深管理者构成，主要讨论的是人的问题，比如干部提名、使用，以及奖金分配。行政办公会议是对业务进行决策，比如业务发展方向、流程优化、变革等。行政管理团队、行政办公会议的运作确保了不是单一首长制，而是集体领导，因此对干部的提名也是集体评议的结果。

人力资源部门在其中行使的是评议权。对于拟提拔的干部，绩效是不是好，干部的标准上是不是达标，核心价值观是不是认同，干部的能力是不是胜任，人力资源部门需要从这些方面进行一个全面评议。

党委是和企业文化部门合署办公的机构，在国外叫道德遵从办公室。党委要行使的建议否决权主要是依据干部任命公示过程中接受的各类实名举报。干部在公示期间，如果有人认为他有什么不符合公司干部标准的地方，可以举报，但举报必须是实名，如果是匿名举报，党委一概不受理。受理之后党委会开展针对性的调查，如果调查属实，党委行使建议否决权，对拟任干部进行否决。

三权分立的机制运作10多年来，干部任命机制运作良好，规避了干部使用的缺陷，同时又强调了业务管理团队的提名权。这样既可以推举表现优秀的员工担任干部，又可以有效地监督干部任命的权力，把权力装在了“笼子”里。

我亲历过当年华为发生的一次干部弹劾事件。

诚信是华为的高压线。当时中国区某位高层干部，在面试过程中，只是在别人面试完后签了个字，实际上没有参加面试，但他说自己面试过了。这个情况被公司发现以后，公司的人力资源管理部就对中国区的业务行政管理团队发函，对这个干部行使弹劾权。最终这个干部就被撤掉了。

从这件事情中我们可以看到，虽然这个干部可能年轻有为，但是在诚信方面出了问题，还是会被拿下。这种情况由人力资源部门去进行干部评议，并行使弹劾权。

对于干部不作为的弹劾，党委和人力资源部门都可以发起，这样就构建起了干部的三权分立。

对于干部的多方位考察，华为其实也走过一些弯路。

早期华为的人力资源部门在进行评议的过程中，曾在华为大学下面设立了一个评价中心，用理论素质模型来进行评价。

后来任总认为这种情况不合适，因为理论评价很高的干部，实际工作能力并不一定强，所以就纠正了这种用理论素质模型来评价干部的方式。干部还是要在实战中成长。华为特别欣赏的干部，是在“上甘岭”中成长起来的干部，是在关键时刻成长起来的干部。这种在战斗中成长的干部，才是公司所需要的。

有效地对干部进行任命的过程，既要解决任命的效率，也要保证质量。华为的三权分立方式，实践效果是比较好的。当然这种机制适用于对干部的任命数量比较多的情况，比如华为有近万人的干部队伍，对这样大量频繁的干部任命使用三权分立机制，可以保证干部的正确使用。对于一些干部规模不大的公司，只要设计符合自己干部提拔和干部任用的方式就可以了。

第五节　从三点责任看一把手的培养

伟大的商业领袖对自己企业内的各级一把手都会提一些要求。**华为一把手的三点责任是布阵、点兵、陪客户吃饭。**

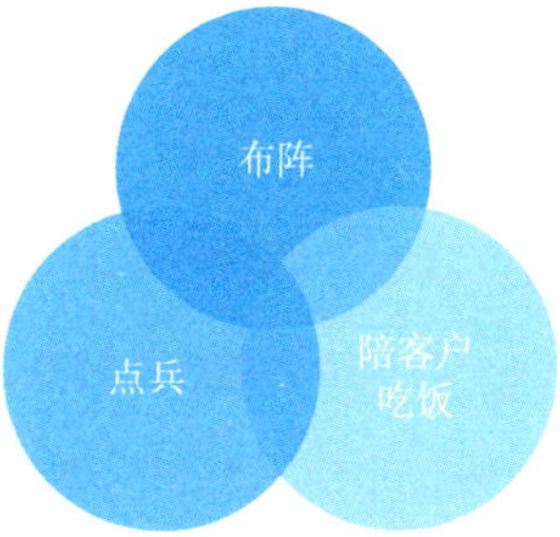

图 5-5　华为一把手的三点责任

所谓布阵就是组织建设和组织的行为建设；点兵就是干部的选拔、使用、考核的路线和干部新陈代谢的和谐解决；陪客户吃饭就是紧紧抓住客户的需求，不管是内部客户还是外部客户。很多企业的干部，特别是一把手上任之后，都知道要抓人权、抓财权，但对于华为培养的一把手来讲，布阵、点兵、抓住客户需求才是核心点。一把手上来，首先要决定方向，要打赢这场战役，一定要通盘考虑组织建设的问题，应该打造成什么样的组织、什么样的队形，这些对于落实战略目标都至关重要，所以一把手首要的责任就是考虑如何布阵。其次是点兵。用什么样的人来做，才能达到最佳人才组合，实现战略目标。最后就是陪客户吃饭，即紧紧抓住客户需求。一把手要想正确地做决策，非常重要的法则就是要掌握真理，而真理就在客户那里，所以一定要去拜访客户，紧紧抓住客户的需求。

华为消费者业务 CEO 余承东 2011 年调任华为终端公司总裁，用了短短 6 年多的时间，将一个在华为被边缘化的业务，发展为 2018 年占华为营业收入的一半，超过 3500 亿元人民币。在如此巨大的变化当中，我们可以看看他是如何推动变革的。

首先是布阵。从原来为运营商 OEM（原始设备制造商）定制手机，到 2011 年华为宣布要做自己的品牌手机，围绕着品牌建设，调整成立一系列组织，设立了华为、荣耀两大品牌，成立了电商部门，又成立了花粉俱乐部开展粉丝运营。这些组织的建设其实都为今天华为手机的成长奠定了基础。

其次是点兵。原来终端公司在内部被誉为老干部的休养区，任正非曾经发文激烈抨击。华为终端当时在深圳市南山区，很多华为的老干部就愿意跑到那里去，因为压力没那么大，离家又近。余承东到任后，从运营商部门调集了大量优秀的干部，调整淘汰了 100 多名干部，使华为终端的干部面貌焕然一新。有强大优秀的干部才会有后面的非凡业绩。

抓住客户需求是最重要的一点。2012 年前，手机行业在中国属于运营商定制，厂商不用太关心客户需要什么，只要按照运营商的标准去做就好了。但是苹果、三星在中国的大卖，也非常清楚地预示着消费者其实不愿意被运营商限制，他们有自己的倾向和选择。在这种情况下，华为做了几个大动作，紧紧抓住了消费者需求。

第一个大动作就是跟徕卡合作。三星和苹果当时最重要的一个卖点就是照相功能，特别是三星。通过和徕卡合作，以及提升自己手机摄像头算法的功能，华为的照相功能一举成为行业标杆，锁定了战略制高点，从而开始引领时代的发展。从华为 P9 手机崭露头角，到 P30 直接可以拍摄月球，大量追求拍照效果的女性成为华为手机的忠实粉丝。华为成了定价超过 3000 元并大卖的第一个国产手机品牌。

另外一个动作是发力操作系统。依托强大的研发实力，华为手机在安卓系统的基础上做了大量定制和系统开发，性能大大提升，处理速度提升了 60%，这直接吸引了打游戏的年轻男孩们。用 2000 多元的荣耀手机就可以畅快地打游戏，这就意味着其他品牌 8000 多元的游戏手机时代的终结。

华为实现了很多巨大的突破，所以华为手机品牌牢牢站稳了高端品牌的定位，直击苹果。而互联网手机品牌荣耀在和小米的竞争当中，充分得益于华为技术优势，比如自有的麒麟芯片，体现出了竞争优势。

从华为手机的异军突起，我们看到余承东正是通过落实一把手的三点责任，带领华为终端公司打出了奇迹。

除了华为的一把手三点责任，业界非常有名的联想创始人柳传志先生也对联想高管有三点要求——搭班子、定战略、带队伍。同样是三个要求，华为和联想之间有哪些本质区别呢？

华为是抓客户需求，而联想是定战略。这两家公司的对比，最近三年来不绝于耳，我认为这是一把手基因构建当中体现出来的根本差异，导致了这两家公司巨大的经营差距。刚才已经分析了华为手机的成长，再来看看因为没有抓住客户需求，联想的手机业务是怎么一步步走向衰落的。

2005年，联想收购IBM笔记本电脑业务，后来又收购了摩托罗拉手机。这两项战略在联想的教科书当中被称为经典。但是现在联想的乐phone系列手机在市场上已经找不到了。原来OEM时代有“中华酷联”四大手机品牌，今天联想已经出局，这就是因为联想没有抓住消费者的心理，从定制化到品牌化的转型过程中，联想没有建立起消费者的深厚认知，而是寄希望于所谓战略的成功，希望通过直接采用资本收购的模式，借摩托罗拉扳回一局。但是今天的90后消费者，已经不知道摩托罗拉是一个什么样的品牌了，因此这个战略就是彻头彻尾的失败！

同样是商业巨子对一把手的三点要求，两者之间仅有一点点区别：定战略其实是让别人背利剑，希望借助巧力获得最大的收益；而踏踏实实地抓客户需求，实际是在孜孜不倦地建立自己的核心竞争力。这个区别的背后是两家公司截然不同的命运。

第六节　做足后备干部的培养

后备干部非常重要，怎么能够源源不断地培养公司后备干部力量，是每个企业面临的大课题。

华为在后备干部培养当中经历过两个阶段，第一个阶段是在 2005—2008 年，华为大学主导的后备干部培养机制。该机制划分了三级干部后备队、四级干部后备队、五级干部后备队，借鉴西方精英干部培养模式构建起来的体系，对每一级别的后备干部，根据任职的原则和标准，开展相应培训。培训包括理论课程的学习、干部测评、项目实践锻炼、轮岗锻炼等阶段，毕业后，进入后备干部资源池。公司优先从资源池中提拔干部，每年还规定了从资源池提拔干部的比例。这就是后备干部的培养体系。

华为强调干部是打出来的，“上甘岭”才能出将军。过多沿用一个成熟理论方式的培养体系不太适合华为的实际情况，所以从 2008 年起这种方式就被推翻了。2009 年成立了后备干部总队，对后备干部培养机制来了一次巨大变革，进入了华为后备干部培养的第二个阶段。

后备干部总队是 2008 年底，从全球技术服务部开始，进而推广到全公司的一次变革。最初的目的是解决业务过剩而出现的富余人员问题。因业务调整而出现的富余人员，进入公司后备干部总队的资源池，重新接受系统化培训，接受新的岗位挑选。各需求用人部门有新增招聘需求，要优先从后备队的人员中选拔，只有在后备队无法挑选到适合的人才时，才允许对外招聘。

在完成 2009 年大规模富余人员再上岗调整后，2011 年开始，华为推出了后备干部高培班，要求公司各级干部自己花钱来华为大学参加培训。学习没有教材，就是根据华为自己的案例。学习的主要方式就是研讨、辩论、写论文，整个学习班为期 7 天，干部要通过答辩才能够毕业。对于干部来讲，这 7 天必须按照事假扣工资，往返工作地的路费要自掏腰包，公司不给报销。华为真正把学习变成了干部自己的事情。

后备干部管理的变革，体现了以下三个特点：

第一，后备干部要理解岗位，有清晰的角色认知。干部的角色认知到底是什么样的？干部和普通的专家岗位有什么区别？干部要承担哪些不同的岗位？其责任是什么？这些都属于干部的角色认知。

第二，除了公司已有的流程化内容之外，更多的干部的学习从哪里来？在以客户为中心、以奋斗者为本的核心理念的基础上，华为要求**干部要进行深度研讨**，针对各种各样的管理案例进行研讨，从对华为案例的讨论和辩论中，找出真理，找出管理的问题，加强后备干部队伍与管理责任的认知感。比如公司的五大管理问题，针对这些问题的案例研讨如何解决，都是实战型的指向。华为培养的后备干部在这些点上就颇具特色。

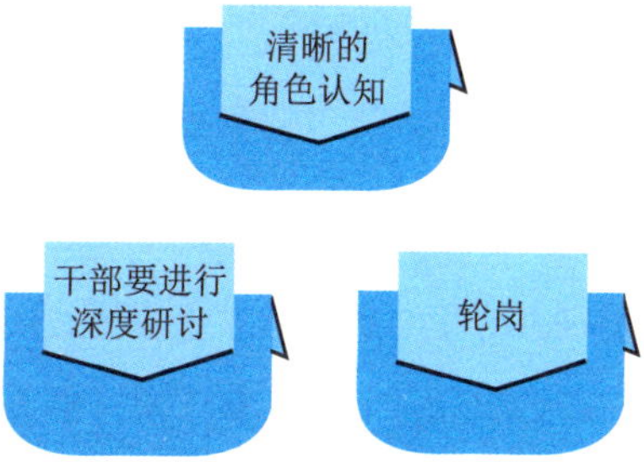

图 5-6　华为后备干部管理变革的特点

第三，轮岗。通过让后备干部承担重点变革项目的方式来锻炼他们，这对于后备干部来讲会多一些机会。公司每年有很多变革项目，变革项目就需要既有业务经验又有领导力的人参与到项目当中来，这就是后备干部很好的锻炼机会。后备干部一定要参与到公司级的变革项目中去，才有机会获得干部任命。项目管理涉及9个方面的资源协调和管理，通过这种轮岗方式，让后备干部担任项目经理，提升他们对于资源的准备程度，是一个近似于实战的培养过程，目标就是从岗位胜任到干部胜任。以干部业务实战为学习过程，这种学习不是理论上的而是实践上的，是结合案例的。学习的方式不是背课文，而是研讨争论，在讨论中去识别到底真理是什么。

这就是培养后备干部所采用的方式。

后备干部有一个入队管理，公司会根据每年的计划来发布后备干部的开班通知，各层组织推荐后备干部来培养。在培养过程中，后备干部要完成三个方面的学习，结业之后就进入干部提拔的资源池里。后备干部培养机制的建立，使得干部在上任之前，就已经掌握了很多管理的方法和思路，以及在非管理岗位上的管理职能，项目的锻炼已经提升了干部的准备度。

华为在干部管理中还有一个很重要的原则，叫作从成功的组织中选拔干部。如果一个组织没有达到好的绩效结果，就算一把手被免掉了，二把手、三把手也根本没有机会被提拔。这种制度下谁都没有必要和一把手过不去，大家必须和一把手紧密配合，把工作做好了，绩效做上去了，大家才会有提拔的机会。

后备干部的培养，要从如何提升在职干部的准备度这个角度出发和设计。角度当然也可以是如何提升在职专家的准备度，其实逻辑是一样的，因为干部问题很突出，所以就把它单列出来，作为后备干部的重点项目。

不是什么人都能成为后备骨干，所以在选拔过程当中，一定要选拔合适的，同时公司对于后备干部被任命成干部是有比例要求的，要优先从后备干部中选拔，这就形成了一个良性的循环。铁打的营盘、流水的干部，尽可能优先从后备干部资源池中选拔干部，这就形成了华为良性的后备干部培养任用体系。

核心工具箱

一把手干部的三点责任

布阵→组织建设

点兵→干部新陈代谢

陪客户吃饭→抓住客户需求

后备干部管理变革的特点

清晰的角色认知

干部要进行深度研讨

轮岗

第六章

灰度分钱：打破黑和白两个极端

创造的目的是分享，如果只有创造没有分享，人类社会就不会进步，所以从人民公社到包产到户的改革，没有花费成本，却是最为成功的改革之一。分配是目的，而分钱是艺术！华为的成功，很多人归结为任正非先生善于分钱，当把分红权分配掉的时候，就换来了整个世界，但是是否有这个胸怀去分享，是否分享了就能够换回世界，确实是一门科学。人性的本质，不患寡而患不均，分配最能体现灰度艺术，要拉开差距，不搞大锅饭，对懒惰者的保护恰恰是对勤奋者的惩罚。灰度，无处不在。

第一节　如何全面回报，十六字管理方针

华为如何分好钱的第一个环节，是做好全面回报。企业发展要通过一套利益分享机制来推动。在全力创造价值、价值评价、价值分配三个管理循环中，价值分配就是要解决如何分钱的问题。价值的分配仅仅只是钱的分配吗？显然不对。在分钱领域需要特别注重的是做好全面的回报，准确用一个词来讲，就是激励管理。

全面回报

全面又具体表现在什么方面？华为可分配的价值主要是组织权力和经济利益，分配的形式主要有职权工资、奖金、退休金、医疗保障、股权红利以及其他待遇。这种全面的回报，应该基于员工的贡献，要有多层次的回报体系。

全面回报分成四个部分：

- **薪资**，包括基本工资、浮动工资、奖励、股票等。
- **福利**，包括医疗保障、即续休假等。

• **学习发展**，包括职业生涯学习经历、绩效管理继任计划和培训。

• **工作环境**，包括组织氛围、领导风格、绩效促进、工作与生活的平衡。

图 6-1　华为“全面回报”的四个方面

很多人认为全面回报就是激励管理，其实我们要看，人的需求除了钱，还有安全成长、发展、环境等全方面的需要。

华为的薪资管理，采用的是“以岗定级、以级定薪、人岗匹配、一岗一薪”的十六字管理方针。公司根据每个岗位的应负责任、解决问题的难度、管理幅度等，对岗位进行称重，称重的结果用 13 级到 34 级的职级体系进行标注。比如，13 级的起薪是 10000 元人民币，18 级是 40000 元人民币，不同的职级对应了不同的工资水平。

福利是通用保健因素，要符合国家法律法规的要求。对于常驻海外员工，除按当地要求缴纳的社保以外，公司还会提供商业保险来给予全面的保障。

学习发展方面，每个员工从一入职就可以看到该职位所对应的任职资格序列及要求，新员工就可以对照标准进行学习，这就是未来职业成长努力的方向。

比如很多研发新员工入职后，根据任职资格的牵引，用不了多少年，就有机会参与世界前沿的科技研发，参与国际组织会议，与很多国际同行一起谈论科技前沿的标准问题。这种成长和发展，是其他公司无法提供的。

工作环境方面，华为的坂田基地超过 100 亿元的投资，可以说一步一景，为员工打造了一个丰富多彩、别具一格的办公环境。从具有秦朝宫殿色彩的 A 区，到采用罗马建筑形态的 F 区，再到东莞松山湖的欧洲小镇，再加上穿梭在园区之间的森林小火车，都极富世界一流科技园区的风采。

全面分析员工的激励需求

之所以从这四个方面进行全方位的设计，是因为激励不能脱离被激励对象的需求来开展，因此，全面回报的前提，是全面分析员工的激励需求。

以前管理者经常会提到80后员工的管理问题，现在又经常提90后的管理问题，其实每个企业都会遇到不同年龄层员工需要特殊化管理的问题。90后员工管理为什么会成为一个问题？因为这些员工的管理者往往是60后、70后，双方成长的年代不一样。60后、70后倾向于得到现金的回报，因为他们经历过从农村到城市化的特殊历史时期。中国城市化的过程，是人们一穷二白去奋斗的过程，所以60后、70后的这种成长背景让他们更加重视物质的回报。上有老、下有小，也让他们承担过社会变革的代价，所以他们更加听话，管理起来也更加容易。

但是随着80后、90后，特别是90后进入职场，这些人群的特点和60后、70后相比发生了巨大的变化，因为他们的成长环境已经有了一定的物质基础，不再被金钱所困扰，所以这些年轻的员工对自己有了新的追求，比如自我成长的需要，他们可能认为在公司里学习发展的机会比加薪更加重要。另外，有的人会关注自己是不是可以有机会在公司里实现自我成就。在这类人当中，如果他们的工资水平达到了行业平均水平，应该不差钱，父母已经把他们的住房等基本诉求解决了，所以他们可以在这个时代更加自我、更加放松地去生活。根据马斯洛的需求理论，60后、70后更注重基本的物质需求，而年轻的80后、90后甚至00后群体，往往不需要担忧物质匮乏，因而更注重精神追求和自我成就。

90后、00后的生活不差钱，那要怎样给予全面激励？为什么像华为、腾讯、阿里这些大企业对年轻人才有很大的吸引力？因为年轻人觉得在这些大公司中有学习成长的机会，可以更快、更早地学到很多新东西，这对他们来说其实是一种收获。

但是有些在大公司中发展得很好的年轻员工，为什么会辞职呢？这些从大公司辞职的年轻人，很多会到创业公司去，因为他们更需要能够充分发挥自己价值的机制。特别是近年来，在国家“双创”政策的推动下，更多优秀人才的就业选择不再局限于政府部门、科研机构和大公司，在风险资本的支持下，他们可以创立属于自己的事业。今天的人才结构发生了巨大变化，最优秀的人不一定都集中在大公司里。当今社会发展的趋势是优秀的人开始独立创业，创造优秀的组织、优秀的企业形态，而这又会带来新的机遇。

当今的年轻群体，他们想要的回报并不仅仅是金钱，而是自我成就感，这就体现了全面激励中学习与发展的重要性。

另外一个内容是工作环境，包括组织氛围和领导风格。比如，有些公司收入可观，但是一把手是个“暴君”，每天无缘无故地骂员工。这种环境，给再多的钱都不去。现在的年轻人反而喜欢那种互联网企业，老板是 80 后、90 后，他们既能很严格地工作，也能很开心地带着大家一起去玩。在这种平等的相处当中，大家共事的结果会更好，当今的年轻群体更希望在这种环境中工作。这就是组织氛围和领导风格所带来的影响。

在不同的领导风格背后，很多人择业就是选上司。选了不同的上司，这种领导风格和环境其实会成为未来发展中一个很重要的吸引点和竞争力。

最后还有个人工作和生活的平衡。比如，在四大会计师事务所，很多人可能在三年内，收入就得到了一个很大的提升，年薪达到了五六十万元，但是他们的工作非常辛苦，每天的工作时间都在 12 小时以上，加班成为家常便饭。经过这样三四年的努力以后，他们的追求可能就不再是更高的薪资了，而是希望跳槽到企业里面做企业的财务人员，这时候他们就面临职业的选择。虽然他们在原来的岗位上可能拿到了五六十万元年薪，但是也许会接受一份 30 万元年薪的工作机会，因为这个时候他们需要生活和工作的平衡。许多岗位需要员工高强度地奋斗，这批人一过 30 岁，体力就跟不上，往往需要寻求职业的变化，所以可能对薪资就没有那么高的要求。他们需要的是工作和生活的平衡，这才是对他们有效的激励方向。

要体现全面激励体系的价值，就一定要符合对应的人群特点，所以说激励既是全面的，又是个性化的。只有满足员工的诉求，激励才会有最大的效果。

第二节 如何分享，价值分配导向与薪酬福利设计

我们常说分钱很重要，但分好钱却很难，为什么？因为要面临在人性本身和分配导向之间的一系列平衡问题。不同的人有不同的诉求，企业有企业的诉求，个人有个人的诉求，这两者之间只有达到一个均衡，才能发挥最大的效率。

四个“有利于”原则

华为薪酬福利包含的水平要与企业发展的战略相匹配，要符合四个“有利于”原则，即是否有利于导向海外，是否有利于导向冲锋，是否有利于导向高绩效，是否有利于激发组织的活力。

第一，是否有利于导向海外。为什么导向海外？因为华为每年销售收入的65%来自海外。设计合理的激励，能够让员工愿意去海外，特别是去艰苦地区，并长期扎根发展。在薪酬分配上，华为会向海外艰苦地区倾斜，这个倾斜不是简单的两个字，而可能是同等级总部机关

工作人员的两倍甚至三倍的倾斜。只有这种倾斜，才能让大家愿意去海外。

第二，是否有利于导向冲锋，就是如何让员工愿意去承接公司难题。如果薪酬激励对于这些愿意去接受挑战的人没有鼓励效果，大家怎么会愿意去冲锋，去做出成果？

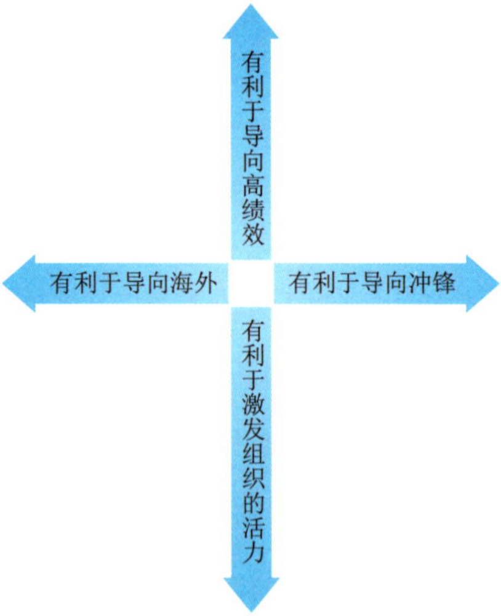

图 6-2　华为薪酬福利的四个“有利于”原则

第三，是否有利于导向高绩效。怎么体现出高绩效？华为的做法是在奖金分配的体系中大大地拉开差距，当不同的绩效对应的奖金之间拉开几倍的差距之后，大家就会意识到要争取高绩效。薪酬分配不能搞大锅饭，绩效为 A 的员工和绩效为 C 的员工之间不能只差零点几的系数，这种结果是没有意义的。

第四，是否有利于激发组织的活力。有活力的组织是什么样的？是大家愿意流动起来。如果组织成员都留在一个位置上，不愿意动，那么这个组织就僵化了。所以公司的激励要对这种长期不变的岗位进行调整。

薪酬激励的内外部环境

好的激励就是一定要和公司的战略相匹配。另外，薪酬激励的设计还要面临内外部环境的复杂性，主要体现在五个方面。

第一，要体现内部公平性。比如说应届生的招聘，起薪从 9000 元提升到 1 万元，但是内部还有很多员工的月薪没有达到 1 万元，怎么办呢？这要考虑内部的公平性，同时去调整不公平现象，实现内部的竞争性平衡。不同等级之间要有一个直接的差距，不同贡献的人要有差距，不同绩效的人有差距，这才能体现出内部的公平性。

第二，要体现出外部的竞争性。华为制定的薪酬策略是领先型的薪酬策略，高于业界薪资水平，所以公司在外部始终具有竞争性。公司不断发展，加上公司在外部具有很强的竞争力，可以保证吸引优秀人才的加入。

第三，要考虑企业的支付能力。工资是刚性成本，如果基本工资加得过多，就会给企业造成很高的吃水线的压力。在增量上，多向奖金倾斜，增大浮动部分的比例，企业的固定成本支出就没那么高，这就变成了相对灵活的激励方式，这种方式对企业是有利的。

第四，是否有决心去打破过去薪酬架构的内部平衡。打破一种平衡其实很难，但是因为要改革、要发展，所以一定要打破过去的薪酬架构，只有这样才能够实现差异化的增长。比如，过去华为统一实行年底发年终奖的机制，针对终端公司，公司做了很多的变革。终端公司在这一点上享有特权，一年可以发三次奖金，包括项目奖金和重大项目上市的奖金。这些变化就打破了过去的平衡，同时在统一的架构下又突出了业务的特色。

第五，是否能够适应不同国家或地区的收入水平、生活条件和社会环境等复杂因素。发达国家的生活成本高，发展中国家特别是非洲落后国家，生活水平很低，所以同样一份收入在不同的国家，生活质量是不一样的。通过对华为外派人员采用本地化发薪方式，这个问题已经得到了很好的解决。整体的薪酬设计是有一个与企业战略匹配的导向，还要兼顾内外部的复杂环境。只有科学地处理复杂的环境，导向、薪酬才是有利的，激励才是有效的。

薪酬激励的目的

薪酬激励的目的就是要导向企业的可持续发展。这里需要关注三个重点。

第一，保证组织的均衡发展。

组织发展过程中，总有一些冷背部门，不像阳光照射下的销售和研发部门那样大家都能看到。这些冷背部门怎么办？比如财经、人力资源部门，也要有一个发展的机会，也要让大家跟上公司的发展，所以薪酬激励要导向企业的可持续发展。华为实行岗位称重基础上的岗位职级体系，同一职级的人员薪资水平是一致的，这样就可以吸引大批精英人士加入冷背领域。因为组织的均衡发展，在华为内部的各类群体也享受到了公司高速成长的收益，反过来公司也得到了均衡发展，这是相辅相成的。

第二，避免短期行为。

华为一直不上市，其实就是为了避免短期行为。企业的经营发展一定是长期发展的结果，所以激励也不注重于短期，而是基于可持续发展。

第三，防止高工资、高福利对企业的危害。

固定薪酬部分过高就会导致企业竞争力的削弱。在价值分配的导向上，要坚持以奋斗者为本，导向队伍的奋斗和冲锋。在分配上贡献者只有得到了合理的回报，才会有动力去持续冲锋。所以对于优秀的人员一定要激励到位，千万不能搞大锅饭。只要对前面绩效优秀的人激励到位了，剩下的人才会跟上，才会越打越强，这就是在绩效管理中抓龙头。

所以分钱的设计导向与原则是一门学问，只有全面地匹配公司的战略，综合考虑内外部的环境，把激励作为竞争武器，才能写好激励这篇文章。

第三节　弹性的薪酬包管控机制

基于分灶吃饭的薪酬包管控，是整个华为激励管理体系中很有特色的一种弹性原则。所谓薪酬包管控，就是每个业务单元根据贡献去设定它的薪酬总包，然后根据薪酬总包，在薪酬激励的架构中决定用多少人、分多少钱。在这样统一管理架构的基础上，干得好的组织多拿钱，干不好的组织少拿钱，干得更差的组织拿不到钱，这就充分体现了分灶吃饭的原则。

华为的薪酬包

华为薪酬包分成两个部分：固定部分和变动部分。

固定部分包括上一年度固定的薪酬总额，这个是不能变的，叫作“薪酬包的吃水线”，是刚性的固定成本。还有一块是固定薪酬的增量，包括新增的人员要增加的薪酬包和调薪总包。

变动部分，也就是奖金部分，又分为两部分，即业务线和职能线。

业务线根据业务绩效的达成来分配，奖金包可以分到下一层组织当中。每个员工拿到的奖金取决于三个变量。第一个变量是组织绩效，部门奖金包要乘以组织绩效。组织绩效越好，奖金包就越大；反之，组织绩效做得不好，奖金包是拿不到的。第二个变量就是个人绩效，不同的绩效有不同的绩效系数。第三个变量就是不同职级，不同职级的奖金包的大小是不同的。组织绩效、个人绩效以及员工的职级，就把薪酬包分配从业务线具体到了每个人。

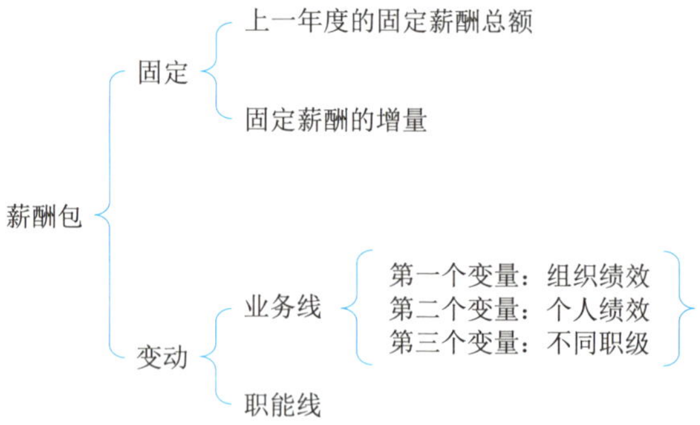

图 6-3　华为的薪酬包

职能线根据对公司的支持，会拿到公司奖金包的平均水平，然后再根据业务线分配的模式进行分配。

这套机制就是在企业和职业经理人之间建立的分配契约关系。这种关系把分配契约化，且可以提前量化。有了这种量化的公式，员工就可以直接算出自己大致达到了什么水平，能拿多少钱，而不是做完了才知道自己究竟能拿多少钱，从而激励大家首先为自己挣钱，再为公司挣钱。

华为的薪酬包管控的总量管理原则，就是薪酬总包和销售收入挂钩，锁定销售收入的 18% 作为薪酬包总额，销售收入越大，薪酬总包就越大。这个薪酬总包锁定原则我认为非常好，在我们的咨询过程当中也可以反复借鉴。

华为使用的薪酬包占到销售收入的 18%，销售收入 100 亿美元的时候就有 18 亿美元的薪酬总包，销售收入做到 1000 亿美元的时候，就有 180 亿美元的薪酬总包，这就等于华为人均收入 70 万元。

这里体现了人力资本的投入要优于财务回报。华为的做法直接体现在薪酬总包的规模上，用这种方式来强制规定钱要分到人头上。对于这笔薪酬总包的使用，要么新增员工，要么就对现有员工加薪、发奖金，确保对人力资本的投入看得见、摸得着，让员工相信。

激励分配的方式

薪酬总包占销售收入 18% 的承诺，意味着对管理层形成了一个有效提升人均效益的约束，鼓励各级干部要用尽量少的组织资源消耗和最少的人把活干好，这就可以实现**人均收入的大幅提升**。

基于这个模型，我就把它分成了四种激励分配的方式。

第一，薪酬总包收入锁定。

例如，华为每年将销售收入的 18% 作为薪酬总包，这个 18% 其实是根据行业的毛利水平以及企业对于盈利的要求倒推得来的。

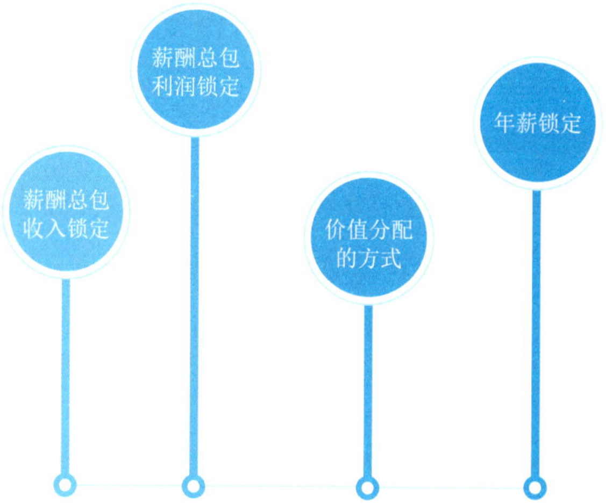

图 6-4　华为激励分配的四种方式

薪酬包管理的核心内容就是，将薪酬费用与公司主要经营财务指标挂钩，形成对人力成本的弹性管控。

这样确保各个业务单元可以自我约束、自我激励。薪酬总包、奖金包和工资性薪酬包同相应的经营财务指标挂钩，体现不同的激励导向。

比如，奖金包是薪酬总包的弹性因素，工资性薪酬包是薪酬总包的刚性因素。

18% 的比例华为已经应用了将近 20 年。它是根据通信行业的赢利水平和自身对人才投入的比例来确定的。当然，不同企业可以参照自身的情况来确定自己的比例。

第二，薪酬总包利润锁定。

很多行业的人工成本占比需要结合利润而非收入，比如贸易批发行业，一般情况下就是根据进销差的利润来进行分配的。那么就可以锁定一定百分比的利润，同样用公式可以分配到个人。

第三，价值分配的方式。

这适用于很多服务行业，会计、律师这种行业就是分段交付的，这些行业价值创造的过程可以清晰量化和分段区别，每一段的价值是多少，就可以对这一段进行度量，然后再根据组织的绩效、个人的绩效和层级分配到个人。

比如律师行业，接单的销售团队要发现客户的需求并签订合约，接下来就会交给诉讼团队，由诉讼团队针对案件的情况来应对，并选择有管辖权的法院提出诉讼。如果胜诉，销售团队会收到佣金，这笔佣金就在销售团队和诉讼团队之间进行分配。

第四，年薪锁定。

适合在收入、成本、利润比较恒定的行业和组织中采用，事先约定好收入目标，然后根据实际绩效完成的情况来进行奖金的分配。特点是总量可控，同时，员工也比较清晰地知道自己的收入总额。

这是很多外企使用的一种方式。对于岗位的年收入，预先设定一个年薪总包，人力资源部门汇总所有职位的年薪总包，就可以计算公司的人工成本，然后设定一个每年的涨幅比例。这种模式管理起来简单，但是对于激发干部员工争取高收入是不利的。

总之，通过把薪酬总包与某个业务指标进行联动，进而清晰化的方式，就实现了分配过程的具体化，让员工在年初就可以预测自己全年的收入，从而调动他们的积极性，为自己而战。

薪酬包的重要机制

在弹性的薪酬包管控中，有两个重要机制。

第一，薪酬包宏观管理的机制，就是薪酬总包一定要与公司的主要经营指标挂钩，实现弹性管理。公司可以通盘考虑，包括人员规模、涨薪幅度、新增人数、奖金分配、人均效益等，如此总量管理就可以形成对各下属业务单元的自我约束、自我激励的管理机制。增强薪酬包总量管理的预测性，做多少就可以拿多少。有了这套管理工具，人力资源部门就可以充分发挥管理价值，体现不同的激励导向。

第二，薪酬包过程分配机制。有了总量管理的模型，就可以做好向下授权，授权各个业务单元根据自身业务情况和公司分配导向，设立组织绩效的参数，设计不同个人绩效结果之间的分配差异程度，以及各层级之间的分配系数。希望加大牵引力度的，就可以将分配系数放大，拉开各个层级的差距，从而让优秀组织、优秀人才分到更多的收入。

所以做好奖金包的设计，是分钱的核心和关键。一旦把这个机制设计合理了，后面很多的工作就顺理成章了。

第四节　奖金管理：打破平衡、拉开差距

华为的奖金管理可以用八个字来形容：**打破平衡，拉开差距**。这里面有两个原则。

第一个原则，要向高绩效者倾斜，从而激发员工的干劲，提升绩效。

搞奖金分配不能搞大锅饭，一定要让高绩效的人拿得多，这样员工才会为高绩效而努力，才能推动大家提升绩效。

第二个原则，要打破跨区域之间的平衡，打破区域内部的平衡，打破人与人之间的平衡。三个平衡的打破其实就是让大家多劳多得，体现多劳多得、少劳少得、不劳不得的原则。

要打破不同区域之间的平衡。不同区域本来发展状态就是不一样的，比如中东地区部一年营收 10 亿美元，印度地区部一年营收 2 亿美元，如果这两个地方的员工拿到的奖金是一样的，那么谁还去为从 2 亿美元到 10 亿美元而奋斗？打破平衡就是要让大家努力争取更高的绩效。

区域内部也要打破平衡。要在内部不同职位之间打破平衡，比如说销售客户经理，做得好就可以在一年的试用期内每个季度都涨一次薪酬，

拿下销售项目，还发一次项目奖金。所以就要拉开不同部门之间、不同岗位之间的差别，鼓励做得好的要拿得多。

要打破人和人之间的平衡。除了在不同岗位上要打破平衡，还要打破每个人去年贡献和今年贡献的平衡。只有持续地努力贡献，才会拿到更多的收入，不可能说去年绩效考核拿了 A，就永远躺在功劳簿上，这是不可能的。奖金要打破平衡。

奖金的评定要简单，不能太复杂。如果这个评价很复杂，大家都算不出来，那就起不到及时激励的作用。贡献做得好就要马上奖励，这样大家才能够及时去做。

2014 年，华为 Mate 7 手机上市之前，余承东为了激励团队，直接拿出 2000 万元现金奖励研发团队，只要产品能够按期上市，就及时奖励。研发人员连续三个月没日没夜地奋斗，华为人发挥了华为的床垫文化，吃住在公司，最终在上市前完成了产品的开发工作，确保了产品的上市，华为手机因此打了一个漂亮的胜仗，奖金也及时发到大家手中，员工和企业获得了双赢。

为了保证及时激励的效果，**就要对关键业务里程碑进行区分，从而设定清晰的、与结果有直接关系的奖金激励标准，一旦达成就启动激励。**

第一个阶段是订货合同签订，就发放奖金中的订货奖，这就鼓励大家要实现第一个里程碑，比如在俄罗斯签订了38美元的订货合同也会被公司写入文化史册来传播。签订了合同，有了历史性的突破，就能拿到一笔奖金。

第二个阶段就是形成收入。所谓形成收入，就是要把产品发到客户那里，按阶段形成收入，这个过程中再拿一笔奖金。这种奖金的及时发放，会激励交付部门按时按期交付，销售部门及时回笼货款。

第三个阶段可以根据贡献毛利进行奖励，这是合同质量高低的体现。产品报价的时候已经体现出这个项目到底能赚多少钱了，但真正实现毛利还需要内部高水平的交付，每个环节，物流、站点获取、发货模式、安装进度等因素，都会影响毛利是否可以达成。

第四个阶段就是贡献利润的奖金包，成功交付后还面临资金回笼，以及在成功交付过程中的库存管理。如果成功交付时动了很大的资源提前备货,那么备货的风险和库存占用的资金都要核算进去。只有存货减少，利润的实现才是真实的。

第五个阶段叫市场布局的奖金包。市场长期稳定的发展要做普遍的客户关系，等客户都已经成为总裁了，再去认识是来不及的，所以普遍的客户关系就是要跟客户各个层级的员工去建立长期的联系，不能过于功利。普遍的客户关系将助力市场突破，新产品上市，尽快抓住老客户，产生收入是很重要的，这时要给一定的奖励，才能牵引大家去拓展。

五个层次的分阶段及时奖金包设计完以后，还要设计**奖金包的扣减**。比如，超长期没有回款，存货变成了积压，这种事件一旦发生就要从奖金包里扣回，让大家有压力，尽可能地回笼货款。这就围绕着经营质量的各个动作进行分包设计，构成了一个完整的奖金包体系。根据过程进行奖励，奖励拉开了差距，打破了平衡，又抓住了在这个过程当中看到的不同地方，所以就可以对奖金进行动态管理，达到了激励效果。

为了更好地根据每个人的贡献公平合理地分配奖金，华为制定了一些项目奖金分配的方案，根据分工难度和工作量大小确定项目奖金分配比例。

以产品开发的奖金分配方案为例。

项目总奖金 30% 交由部门平均分配，70% 交由项目组分配，项目负责人从中直接获得 20%，剩余奖金由项目组全体成员按工作难度和工作量大小确定的比例进行分配。项目负责人可由公开竞聘的方式来确定。

在开发之前，华为先对项目难度进行评估，将项目分为大项目、中项目和小项目；接着按照开发难度分为五级；然后确定工时系统和责任程度系数；最后确定系数权重比和系数百分比，进行分配。

一一确定之后，每一个项目成员的项目奖金分配比例也就确定了。项目完成之后，项目组所获得的奖金就按照这个标准发放给每位成员。

谈完奖金包的分包管理，再看奖金分配的理念。奖金是挣来的，不是必然会有的。公司不承诺一定会有奖金，奖金一定是根据员工做出的贡献来分配。公司发展好，组织贡献好，个人绩效好，奖金就拿得多一点；自己做得不好，奖金就拿得少一点，甚至没有。

公司只对经营结果买单，不会对加班等跟结果没有关系的行为给予奖励。这就是要强调一个原则：提倡奋斗，但不提倡加班，在奋斗导向上要非常清晰。例如有的公司学华为，没有把这个内容掌握好，整个分配体系都和加班时长挂钩，和目标形成没有直接联系，导致了分配体系的错乱。这样的后果，不仅使得薪酬激励管理失效，还直接带来了一系列管理造假问题。

打破平衡，拉开差距，根据不同的贡献设置奖金包，既管过程又管结果，构成了一个合理的奖金管理的原则。最终的目的还是要驱动战略目标的达成，支持战略目标的达成。不唯平衡，不讲平均，追求差异性，形成差距，鼓励先进。

第五节 饱和配股

华为的饱和配股在业界很神秘，一直有人说华为的成功很大意义上就是因为股权激励。这个说法没问题，但不全面。

华为怎样管理饱和配股

饱和配股的主要目的是强化绩效的结果导向，让员工关注公司长期利益并努力做出贡献。股票分配依据绩效和职位贡献，有设定的上限。奖励配股制度是对饱和配股制度的进一步优化，每个员工都可以享受奖励配股，奖励配股不计入饱和配股的累计值。

每个职级都确定配股的饱和度，额度每年会调整（比如，2015 年 17 级是 144 万元，18 级是 225 万元，饱和度的确定是依据购买股票的现金数量，而不是股票数量），个人缴纳现金购买股票。

TUP（time unit plan，奖励递延计划）①属于劳动所得，不需要缴纳

① 每年根据员工的岗位、级别及绩效，给员工分配一定数量的期权，不需要员工花钱购买，5年为一个结算周期。

现金。TUP 主要用于牵引员工绩效的持续提升，鼓励员工关注长期目标，促进骨干员工留用。TUP 根据部门绩效和个人绩效及饱和度配股每年进行分配，占有饱和配股的额度，享有同等分红权和增值权。TUP 在第五年分红并结算增值收益,之后这一期 TUP 就失效。TUP 分红与奖金一起发放。

华为的饱和配股步骤

第一，进一步落实责任结果，强化基于贡献的报酬理念。饱和配股在整个华为的薪酬体系中是一个重要组成部分。

第二，面向未来，更有效地支撑公司未来的发展，股权的激励效果一定是长期的，短期奖金实现的是即时激励，股权分配实现的是长期激励。

第三，要鼓励新员工的快速成长，建立相对平衡的内部分配体系。很多公司股权分完以后没有股权再分，导致新员工被老员工剥削，大家怨声载道。而华为的股权是一个动态分配的过程，鼓励新员工快速成长，内部分配体系相对平衡。

第四，不搞普惠制，只激励业绩优秀的骨干员工。华为有 70% 的员工持股，虽然持股面很大，但不代表所有人都持股，所以不是普惠制。

第五，在额度有限的情况下，优先考虑在一线关键岗位的优秀员工

和关键骨干员工，以及海外艰苦地区的员工。这就体现出了激励的导向，

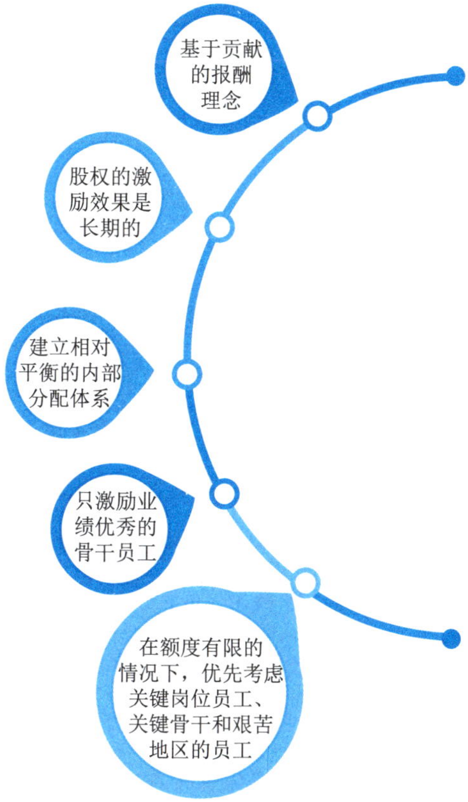

图 6-5 饱和配股的五个步骤

对在一线长期坚持奋斗的员工给予倾斜。

从 1990 年华为开始实行股权激励计划，到 1994 年出台了相关的管理规定，再到 1997 年进行股改，这段时间，华为的股权才是真正意义上的股权。但是这段时间因为公司的高速发展，1 元 1 股的原始股权的促进作用是很明显的。到了 2003 年，华为推出了虚拟受限股。在这个计划下，华为对持股范围进行了扩充，更多的人享用了股权激励的内容，这也标志着公司从实股到虚股的转化。

实股的转化，其实类似于持股平台的方式，只不过这个特殊的持股平台是华为工会，并经过深圳政府的批准，持有人的数量相当庞大。后来，随着 2010 年国家金融政策调整，配股无法直接再从银行获得贷款，需要员工用现金购买，这给部分新员工的购买造成了不小的压力。因此华为又推行了真正意义上的期权计划——TUP 计划。这一步一步的发展过程，从实股、期权、虚拟受限股再到 TUP，就是华为股权激励的演化过程。

华为每年会发布一个股权的数额，这个数额会被实体的工会，也就是深圳市华为控股有限公司工会作为持股方整体购买，然后实体控股的工会股东再按照当年的净资产价格向奋斗者按照比例出售，工会就相当于持股平台。为什么华为每年都能新增股票？一是来自每年的净资产增加，因为华为这些年一直在增长，净资产的增长要么就变成分红，要么就留一部分变成发新股。二是离职员工股票回购，回购后再用于股票分配的池子，在其他在职员工中分配。

虚拟股权制度本质上是整个薪酬激励体系的一个重要组成部分。虚拟受限股准确的叫法是饱和配股。**每一个职级对应一个饱和配股持股的上限，当员工的股票总额达到这个上限的时候，如果没有晋升，就不能再购买股票了，**员工持股就会停留在这个阶段，也就是股票饱和了。只有晋升到上一个层级，才有资格继续购买。在没有饱和之前，每年获得的配股额度还要看绩效好不好，绩效好公司才会分配。这是薪酬管控的重要构成部分，也是重要的激励部分。

分红在员工收入中的占比有多大？据不完全统计，工作 5 年以上，华为股权分红的收入就能占到年度收入的 40% ～ 50%，这是一笔很可观的收入。

如何有效配股

现在社会上非常流行股权激励，似乎每个企业都在讲合伙人机制，每个企业都在进行股权变革。其实我持有不同的观点。任何管理者都不能为了股改而股改，变革的目的一定是推动公司长期发展。

要分好股票，第一个难题就是要**识别出真正需要股权激励的人群。**

第二个难题是分配模式，是购买还是赠送。如果是购买，就把员工当作投资人了，他也要看回报、退出方式，如果没有分红，未来又不能上市，那么大家买这个股票干什么？这里就会出现股票分不下去的情况。

第三个难题是要认识到不能指望持股数量很小的小股东持有一点股票，就摇身一变成为公司的主人。我亲身经历过几件这样的事情。所以不存在把股票一分，这个公司就活了的情况，否则这个世界就太美好了。

因此，我们在借鉴华为饱和配股方式的时候，要明白它不是万能的，还要根据各个企业自己的阶段和情况进行设计。

第六节　打造员工福利保障体系

华为建立了一套员工福利保障体系，合法合规，长短期均衡。在外人眼里，华为是一个血汗工厂，只让大家努力干活，没有保障。其实华为为员工提供了全套的人身保障待遇，员工也尽力承担了自身该承担的责任，共同构建了一个和谐全面、科学合规的保障体系。

华为的员工保障体系

第一，社会保险。这是根据所在国家法律法规的要求，为大家购买的社会养老金、医疗保险、生育保险、工伤保险、失业保险，以及需缴纳的住房公积金。每个国家这方面有差异，但是每个国家都要遵循自己国家的法律规则。

第二，商业保险，包括商业人身保险、商业医疗保险以及旅行险。华为的业务遍布全世界 170 多个国家或地区，所以发生风险的情况非常普遍。据统计，全世界每天在天上飞的两架飞机当中，其中有一架就有华为的员工。华为在与国际 SOS 组织以及红十字会的合作方面都投入了大量的精力，也为员工提供了量身定做的保障体系。打造全面的保障体系，就是要让员工在全球旅行和海外工作的时候无后顾之忧。

第三，附加保障。这是医疗救助，使遭受重大疾病或严重意外伤害的员工能得到及时的救治和救助，体现出的是人道主义精神。

我们从整个福利保障的体系来看，华为的保障不是超额，而是适度，是合法合规的全面覆盖。

华为的补贴管理

海外补贴管理，也是华为做得非常有特色的一点。走出国，怎么吸引大家留在海外，长期发挥作用，其实补贴管理在其中起到了很大的稳定人心的作用。

补贴管理的简化类别有利于牵引员工的全球派遣，因为华为的业务涉及全球 100 多个国家或地区，每个国家或地区的情况不一样，如何设计一个合理的补贴体系也是一门学问。华为根据自己长达 20 年的海外发展历程，总结出了一套有效的补贴体系，支撑了今天的全球化发展。

华为的补贴体系分成四个部分。

第一个部分是**外派补助**。外派补助跟公司水平挂钩，具备足够的吸引力。从中国外派到国外的人群，他们在国内薪酬的基础上会有外派补贴，金额是国内工资的 75%，也就是基本上出国就会得到将近双薪的待遇，目的是吸引大家到海外去。

第二个部分是**有特色的伙食补助**。根据当地的生活水平会有伙食补助。伙食补助提倡的是公司补一半，个人出一半，在发达国家这点钱可能不够，但是在发展中国家一天 20 美元的补贴标准已经非常高了。这主要解决大家在国外的伙食差异。

第三个部分是**艰苦补贴**。这是根据每个地方的生活困难程度给予的补贴。有些地方生活条件非常好，比如说欧美国家的生活基础条件都很好，但是在一些战乱国家、一些非洲落后国家，生活确实非常艰苦，因此就根据每个国家或地区的情况设置了不同的艰苦条件和标准。比如，有些艰苦地区，给予员工的补贴是一天 50 美元。在欧美国家工作的员工是没有这个补贴的，这就体现了国与国的差异。

这个差异也符合华为的业务实际。国外很多跨国公司的补贴是反过来的，到消费越高的地方公司给的补贴越高，但华为是根据业务的导向来设计补贴标准。华为的业务导向目前主要在发展中国家，特别是海外艰苦地区，相信这个标准在未来可能会随着客户的变化进行微调，但是应该不会有大的变化。

第四个是**出差补助**，主要考虑的是当地艰苦程度的差距，是一个短期补贴。

全面补贴体系的构建，支持了无论是常驻还是出差都能得到补助的利益分配机制，鼓励大家去出差。到 2018 年，华为在全球有 15 个地区部、16 个研发中心、45 个培训中心、20 多个共享中心，产品应用在了 170 多个国家或地区。全球 18 万员工当中，海外本地员工有 4 万多。面对这样一个全球化的管控体系，华为设计了一个与之相符的补贴体系。

不同国家或地区的补贴体系设计非常复杂，中国到国外是一个补贴体系。随着业务发展，会出现从第三国到第四国这种情况，比如说从巴西外派到了德国，从德国招募的员工又外派到了比利时，这种国家与国家之间的多重交叉，就给补贴管理带来了很大的困难。**这种多维关系的构建，使华为构建起了自己的特色补贴体系，使得后面的发展可以轻装上阵，这是福利补贴机制的一个重要构成。**

所以，华为构建起来的一整套保障体系遵循一个共同原则和目标，指向贡献者，鼓励他们向艰苦地区倾斜，这个机制也体现出了设计理念。所以整个华为的激励体系，**从工资、奖金、配股，到补贴与福利部分，都体现出清晰的激励导向，拉开差距，不搞平衡，要全面有效地覆盖，要合规合法。**

第七节　不搞提成制，采用分配奖金制

营销管理是企业管理中一个非常大的难题，怎么能够做到不搞提成制呢？据我所知，**绝大多数企业都在用提成的方式管理销售队伍，而华为采用分配奖金的方式。**这里面有什么秘密可以分享，有什么方法可以借鉴呢？

销售是在管理过程中最为头疼的一点，为什么？因为销售的结果不可预知。怎样去管理不可预知的结果呢？企业往往选择使用提成制，让销售的结果和回报挂钩，然后让销售人员自我驱动。这种方式有利吗？有利，但是弊大于利。管理的目的就是不断把不确定的事情变成确定。简单用了提成制以后，一方面企业会趋于懒惰；另一方面，客户经理难以做出成绩。企业销售队伍的打造依赖什么？优秀的客户经理。但是优秀的客户经理其实也需要成长基因。如果他很优秀，但是一个公司提供的支持很少，那也是做不出成绩的。所以如果一个人不能批量地去发挥作用，想从外部引入那么多成熟的人才，难度是非常大的。因此在华为销售成长的过程当中，把自己

的销售成功总结成了一个公式，变成可以管理的流程，从而持续获得成功。

华为在做运营商市场的时候，把销售的管理过程分成了四步。

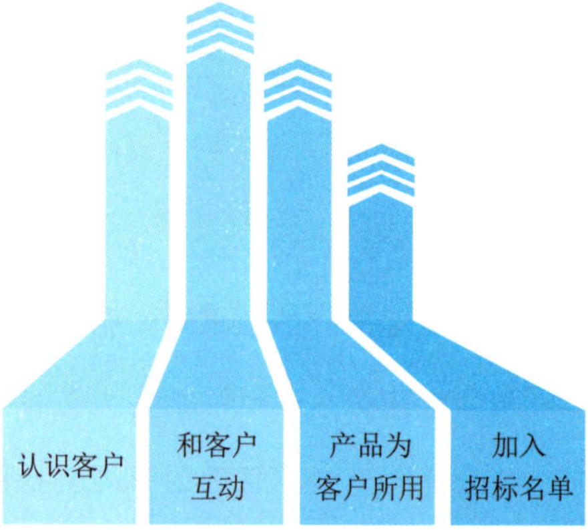

图 6-6　华为销售管理的步骤

第一步，参加当地最大规模的通信展。这一步要解决的问题是什么？我们和关键客户之间一定要想办法去**建立关系**，也就是说我们一定要**认识客户**，最好的方式就是通过展会。所以华为从成立以来特别重视展会，在展会上不吝投资，目的就是在这个阶段通过展示大量产品，批量地向客户展现公司的实力，获取客户的注意力，由此用成本最低的方式见到客户的决策层。

第二步，邀请客户到深圳总部参观。我们在展会上见了客户之后，要**加快客户关系的转化**，最好的方式就是让他们到深圳总部来，因为华为在深圳的总部构建起了一个世界级总部的体量，在坂田总部累计投入了上百亿元，是非常有特色的。有实力的客户可以通过华为总部，看到华为是一个有恒心、有实力的好公司。客户能专程到你这里来了解你，其实就是进步的一个关键点，这说明和客户的决策层之间建立起了一种互动的关系。

第三步，老板与客户沟通完以后会送礼物。在销售过程中，特别要关注，除了和客户的关键决策人建立关系之外，很重要的一点是**让产品为客户所用**。只有先体验，才有机会成为客户，所以这个时候的礼物不是简单送一件陶瓷制品，而是送一个产品给客户，就是实验机。

对于客户来讲，这个礼物是一个产品，不是个人消费品，所以不会有受贿的嫌疑。同时对企业来讲，利用这样一个机会可以很好地与客户建立进一步联系，有机会表现自己。一旦实验机送出去，我们的销售人员就有机会通过回访实验机使用效果的方式去和客户建立联系。如果客户发觉实验机的效果好、服务好，那么自然会想了解，比如，它和爱立信产品的价格对比是怎样的。和西方公司比价格只有一半，服务和产品又这么好，为什么不让它们招标？为什么不让它们中标？

于是第四步就可以顺理成章地将这个客户**加入招标名单**，并且可能中标。华为把一个很难确定的大标底分成了四步走，从而一步一步靠近不确定的结果。只要一步一步地做到了，就大概率能签下单。

这种方式的提炼也构建起了一个核心竞争力，大量的销售干部在这个过程中快速成长。这是一个正确的销售流程，华为其实尽享了流程的红利。有这样的一个基础，对销售干部和销售人员的评价就可以避免只和结果挂钩了，因为结果需要一个漫长的过程，而前期的投入是需要时间和精力的。大家会像游戏升级打怪一样，一步步为实现最终目标而努力。

把销售结果变成可衡量的过程，就意味着可以把这样一个复杂的事件简单化。这个过程可以复制，因为它既大大降低了对人的要求，又可以对绩效进行评估。通过分配奖金的方式对销售人员进行及时奖励，一步步引导他们走向成功。

在销售的过程当中，还存在另外一个提成制带来的困难，就是业绩好的地方、销售量大的地方、成熟的市场，会长期被老销售员占据，他们也不想挪窝。当你想让这些地方的销售量再增长一下的时候，这些销售人员会觉得目前的收入已经够了，没有动力为实现突破而努力。而新销售员总是在新的市场中打不开局面，导致人员大量流失，这就是销售管理中一个痛点。

所以华为采用这种方式分配奖金可以很好地削掉大家的“山头”。比如，广东市场很多年前就做到了一年销售收入 100 亿元人民币，如果按照提成制，哪怕只有一个点，也有一个亿的收入。那么这个山头上的人谁会走？都不会走！但是像尼日利亚那样的市场，刚开始就是零，也不知道什么时候能出成绩，谁也不愿意去。因此，要把山头削掉，让大家看到即使在俄罗斯只拿到了 38 美元的订单，但是实现了客户的准入，也能获得重奖。反观广东市场，虽然有 100 亿元的年收入，但是可能还没有达到公司对收入和利润的指标，在广东的销售人员 KPI 考核还没有在俄罗斯实现重点突破的销售人员高，他们拿到的奖金系数并不会相差多少。

在这样一种科学评价的基础上，华为的干部就会有流动的意识。一直在成熟市场干，还不如打开一个新市场后成长晋升快，所以干部就不会固守一个山头，而是愿意到新的市场中闯出一番天地，这样就把成熟市场的资源释放出来了，因为干部意识到成熟市场守不住，只有创造新市场才可以创造更多价值。而对于那些拓展新市场的人，他们也有机会在新的市场拓展中拿到好的奖励。

核心工具箱

与企业发展战略相匹配→四个“有利于”原则

是否有利于导向海外

是否有利于导向冲锋

是否有利于导向高绩效

是否有利于组织的活力

考虑内外部环境的复杂性→五个方面

内部公平性

外部竞争性

企业支付能力

是否有打破过去薪酬架构内部平衡的决心

是否能使用不同国家的收入水平、生活条件和社会环境等复杂因素华为的人力资源管理体系解密就告一个段落了，但是华为在管理中的远见卓识，真的不是一本书就可以讲完的。2010 年，我曾经非常有幸作为华为全球能力中心建设方案的执笔人，亲历这个时刻，甚至非常荣幸地起草了 EMT（经营管理团队）会议纪要。这在当时看来并不是那么起眼的一个项目，最终成为华为凝聚全球 770 位科学家、诸多全球化能力中心组织的一项庞大工程。

附录

人力资源的B计划——华为全球能力中心建设

在传统的观念里，人力资源一直被认为是一个后台职能部门。我们从人才选拔、组织搭建、团队管理等多个角度，用6个章节的内容，全面分析了华为人力资源的“奇人奇法”是如何打造成功战队的，也印证了任总那句，华为的成功，很大意义上讲就是人力资源的成功！这一切都充分地说明了人力资源工作对企业的重要性，我想这值得每一个人力资源工作者发自内心感到自豪。

2019年中美贸易摩擦，美国对华为的施压让我们见识到了华为酝酿已久的B计划。那么，华为的人力资源管理是不是也有B计划呢？

答案是：有！

如果把基础的人力资源管理、识人用人、组织建设、团队管理等常规操作当作华为人力资源的 A 计划，“华为全球能力中心建设”则可以理解为有别于传统的人力资源 B 计划，是华为对人力资源的认知和视野的更高阶设计。

2016 年，任总在全国科技进步大会上发言时曾经提到，华为经过 6 年多的建设，在全球已经拥有 770 位科学家。这个政策使得华为的全球化拥有了全球化人才的基础。这里说的就是华为全球能力中心建设的项目，我非常有幸在 2010 年作为这个项目最早期的执笔人和设计人参与其中。

从国际化到全球化，一个重大的变化是，国际化是把产品与服务卖向全球，全球化是要让全球资源为我所用，整合全球各地的优秀资源为我们的全球战略服务，而不仅仅是把产品卖到全球。这样一个理念上的变化，意味着一场深刻的组织变化。这个变化告诉我们，不能再从全球招募各种各样白皮肤、高鼻梁的外国人到深圳总部来，而是要在全球人才聚集的地方建立自己某个业务单元的全球总部。这样一个全球总部的设计将不再只是在深圳，而是在全球各地，在不同的国家或地区，这是一次巨大的挑战。

而这种挑战背后所透露出来的深刻思想是什么？就是华为全球化成

功的战略！因为各种各样的资源限制，全球的人才和产业结构呈现出了不同的区域特性。在全球区域总部的设计过程中，华为面临的挑战是能否实行多区域总部的管理。从我们过去的经验中可以看到，在这一点上华为已经做得比较成功了。那么在全球的发展当中，对于华为来讲，有哪些是资源池的储备资源，而且优于深圳本身的资源？

我们看到俄罗斯人在算法上具有很高的天赋，俄罗斯人的数学基础是具备世界优势的。我们知道谷歌公司其实是一个以计算和数学见长的公司，它的联合创始人之一谢尔盖·布林的父母就是俄罗斯人。他们在20世纪70年代从俄罗斯移民到了美国，布林7岁的时候，就在自己父亲的膝盖上使用计算机了，所以华为早期就把自己的算法研究中心设在了俄罗斯，利用俄罗斯的科学家、数学家在算法上的天赋，力争突破人类对于物理世界受摩尔定律的限制。但是下一步的增长重点一定要通过算法计算实现逻辑提升，这就是我们的芯片算法。华为已经就这一点在俄罗斯进行了算法的布局。

另外，华为的微波业务中心设置在意大利的米兰，因为米兰聚集了世界很多微波公司。美国是一个创新之国，华为在美国投入了很多力量进行创新研究，并在美国成立了一些研究所，让华为人才在当地学习。法国是国际艺术之都，华为手机的很多音乐和图片的艺术设计是在法国研究所完成的，因为在那里可以享受到世界一流艺术大师的独家设计，用户会觉得华为手机的音乐越来越好听，图片效果越来越美，其实这些都和全球性的智力整合有密不可分的关系。

华为除了在技术领域进行了全球布局，在业务领域也做了很多的布局。

比如，华为的业务投标中心设在了马来西亚的吉隆坡，因为马来西亚华人的英语水平远高于国内，我们在国内找一个既懂技术又懂英语的技术人才是非常难的。

在国内，我们经常为全球英文标书的不标准而烦恼，其实用同样的低成本，在马来西亚，这个问题就能迎刃而解，因为马来西亚华人可以很好地用双语进行交流，根据汉语内容准确输出英语标书。投标中心设置在马来西亚之后，沟通效率得以提升，而且在马来西亚，同样的技术人员，成本相对国内也要低不少。

华为的全球合同谈判中心设在了印度，因为印度人在商务谈判领域非常厉害。很多国家大型 IT 公司的 CEO 都是印度人或印度裔，律师领域的佼佼者很多也是印度裔。在辩论和逻辑方面，印度人确实具备优势。

秉承着全球人才为我所用的原则，华为就将谈判中心设在印度，让印度籍的华为员工代表华为公司和全球各级运营商谈判。华为派出的很多谈判专家会更加熟悉西方人的思考逻辑，对各国的法律法规有更透彻的理解。

华为全球所得税的管理中心设在了美国，增值税的管理中心设在英国，不同国家的优势尽显其中。

包括人力资源领域，华为在全球几个地区设立了发薪的共享中心，比如在马来西亚、迪拜、毛里求斯设立共享中心。通过集中发薪，使得原来分布在全球 100 多个国家或地区的工资发放工作被汇总到了三个地方集中处理，而且是多币种的处理，这使工资发放效率得到了大大的提升。财务的共享中心也是这样，全球账务共享中心国内放在了成都，国外就放在了非洲的毛里求斯。利用时差和当地人员成本低的优势，再加上华为已有的全球 IT 化的基础，可以使这种资源在全球范围内得到合理的配置。一方面可以把最优秀的人才在当地集中起来为我们所用；另一方面，可以将自己不擅长的业务在全球进行布局，实现低成本的研发策略。比如，最早华为在印度设立软件研发机构就是这个目的。

所以全球化人才的通用布局，就是为了能够让一个全球化的公司建立起全球竞争优势。要想具有这种优势，我们就要对全球的人才布局有一个全面的分析和认识，并在这种认识中去构建多业务中心。我非常有幸当年领导了全球的招聘共享中心建设，通过招聘共享中心的建设来支持全球各个业务中心人才的获取和持续发展。在这个过程中，我们深刻感受到优秀人才带来的益处是非常大的。当然也有一个挑战，那就是我们要应对好多区域总部以及全球总部对文化的挑战和要求。

致　谢

华为是个伟大的公司，也是个低调做事的公司。此前的 20 多年，华为一直埋头做事，声名不显，直到最近因为中美贸易摩擦，被迫亮剑，才让华为在众人眼前空前地高调起来。一时间华为成了商界炙手可热的焦点，大家都在向华为学习。

写书撰稿是个精雕细琢、反复打磨的过程，就像在制作一件工艺品，对于我而言也是一个不小的挑战。所幸在吴晓波老师及旗下的蓝狮子出版中心专业老师的帮助下，经过多次修订，这本书总算如期与大家见面了。书中虽然没有华丽的辞藻和优美的文笔，但内容绝对真实有料。它不仅是我在华为看到的、实践的，更重要的是我在结合多年的投资经验、咨询经验和具体实践后，对华为团队建设和人力资源管理宝贵经验的思考与总结，并用文字的形式系统完整地呈现华为团队建设的整套体系。我希望对从事企业管理和人力资源的朋友们能有所帮助，能解决一些实际的问题。这就是本书最重要的价值了。

最后，在此感谢吴晓波老师，感谢蓝狮子出版中心和中信出版集团的所有工作人员，感谢所有支持本书的朋友们，谢谢大家！